二〇二〇年の大学危機

―コロナ危機が問うもの―

光本　滋

クロスカルチャー出版

目　次

はじめに……7
第一章　二〇二〇年の大学危機―COVID-19パンデミック下の大学―……11
(1) 二〇二〇年のコロナ危機……12
COVID-19パンデミック
緊急事態宣言
経済対策へのシフトと感染の再拡大
二年目に突入したコロナ危機
(2) COVID-19パンデミック下の大学……18
一変した大学の状況
二〇二〇年の北海道大学
うずまく批判
問われる大学のあり方

第二章　オンライン授業の光と影……33
（1）オンライン授業の一斉導入……34
授業の大半がオンライン化
障害の克服
（2）オンライン授業のインパクト……39
オンライン授業のメリット
オンライン授業の問題点
学生アンケート調査
学生の心身、生活への影響
オンライン授業に対する評価
オンライン授業がもたらしたもの
（3）対面授業再開をめぐる対立……54
文部科学省の方針転換
対面授業再開運動
対面授業をめぐる対立が示すもの
学生の信頼を得た大学

対立を超える論理

第三章　深刻化する教育費負担……67

（1）学生の困窮……68

学生団体の調査・緊急提言

各種調査が示す学生の困窮

（2）学費減額要求と政府・大学の対応……72

政府の対応

各大学の対応

問われる「授業料」

経済支援に関する大学間格差

（3）学費減額運動が示すもの……80

学費減額運動のインパクト

学費減額運動の特徴

要求運動の展開

韓国における学費返還運動

学費減額運動の課題

第四章　コロナ危機と大学政策・大学改革……99
（1）感染症対策の課題……100
入試・行事における対策
施設の改修
（2）大学の教育方法……102
大学設置基準の解釈変更に潜む問題
総務省による「不当な支配」
（3）危機便乗型「改革」……111
「九月入学」が招いた混乱
高校生の入試制度要求
対面授業再開の推奨
「大学ニューノーマル」
危機便乗型「改革」の問題

第五章　ポストコロナの大学像 …… 127
学習権と教育
学生の学習権
大学の目的の意義
ＣＯＶＩＤ-19パンデミック収束のために
おわりに …… 141
資料１　コロナ危機に関するアンケート調査一覧 …… 145
資料２　年表（２０２０年１月～２０２１年３月） …… 149
資料３　文部科学省通知・事務連絡等一覧 …… 157

はじめに

大学教育の権利の保障と学生・教職員の安全確保は、通常は対立することはありません。というよりも、大学は両者が対立しない範囲で活動しているといった方が正確でしょう。ところが、感染症が蔓延しているときには、通常のやり方では、教育の権利の保障と学生・教職員の安全確保を両立することができなくなってしまいます。そこで、これまでとは異なる対応をする必要があります。二〇二〇年に大学がとりくんだ対策、すなわち授業のオンライン化は、教育の権利の保障と学生・教職員の安全確保を両立するものだったといいうるかが問われることになりました。

オンライン授業には対面教育にはない利点があることは事実です。特に、自分のペースで学習を進めていこうとする学生にとって、オンライン授業はさまざまなメリットをもたらす可能性を秘めています。オンライン教育が支持される場合の理由もそうした観点のものです。多くの大学が、今後はオンラインのメリットを生かした教育を展開していくことになるでしょう。

一方で、オンライン授業によっては保障するのが困難なことも少なくありません。その最たるものは、信頼できる仲間をつくることでしょう。

初等教育・中等教育の目的は発達段階に応じた教育であることから、教育においては共通に保障すべきものが重視されます。一方で、高等教育は学生の個別的な要求に応じることが重要になります。とはいえ、個別的な要求に応じることは、個別最適化された学習をさせることと同義ではないはずです。人間は、仲間とともに対立や反発することも含めた共同をすることを通じて、個別的な要求を明確にしていく生き物です。このことは生涯続くものと思われますが、とりわけ青年期にそうした機会を豊富に持つことが大切です。ある論者は、若者は「群れ」の中で育つと表現しました。

こうしたことがらは学生にとって重要な権利であると思われます。にもかかわらず、対面授業やキャンパスにおける活動の保障を要求する学生の声は大学から、ときには社会からも突き放されました。高等教育が限られた者の特権のようであった時代には、高等教育の権利はほとんど問題とされませんでした。しかしながら、高等教育が大きく普及した今日、保障すべき権利の内容を明らかにすることは、大きな課題となっています。その主体は誰であるべきかという問題をＣＯＶＩＤ-19パンデミックは提起しているといえるでしょう。本書では、これらのことを論じていきます。

第一章では、二〇二〇年に起きたできごとを概観します。社会の多くの分野と同じく、大学も、ほとんど初めて直面する事態に対して、戸惑い、目まぐるしく対応され、翻弄されました。そこで起きた出来事のうち、まずは筆者がよく知りうることを描いていきます。

第二章では、授業のオンライン化が大学に何をもたらしたかについて考えます。二〇二〇年の前期は、緊急事態宣言の下で、大学で実施されている授業のほぼすべてがオンライン化されました。このことが、オンライン授業の可能性に関する認識を飛躍的に高めたことは間違いありません。同時に、その問題点も明らかになってきました。こうした認識を他者に教えられてではなく、体験と自ら行う評価を通して形成したことは、大学にとって大きな意義を持つことでした。

第三章では、教育費の問題について検討します。COVID-19パンデミックが大学に及ぼした影響の中で、学生が経済的困窮にあえいだことは深刻な問題の一つでした。このこととかかわって、大学の授業料のあり方が問題となりました。ここで、学生が授業料の引き下げを求める中から自身の権利と大学の意義に関する認識を深めていったことは、特筆すべきできごとでした。

第四章では、大学における感染症対策に関する政府の対応をふり返り、その意義や問題点について論じます。文科省が打ち出してきた感染症対策は、ほとんどが条件整備を伴わない「要請」ベースでした。のみならず、オンラインであることを理由に、大学教育の方法を枠づける重大な問題性をはらむものでした。政府の対応がこのようなものになったのは、感染症に対する有効な対策を十分行わないまま、感染症対策を口実にした「改革」を推進しようとしたせいだと思われます。

第五章では、ポスト コロナの大学像を探ります。それは、パンデミックが収まったときに、はじめて現れるのではなく、ウイルス感染症のパンデミックという人類的危機に向き合う大学の姿の中に輪郭をあらわしているのではないでしょうか。

第一章　二〇二〇年の大学危機
―COVID-19パンデミック下の大学―

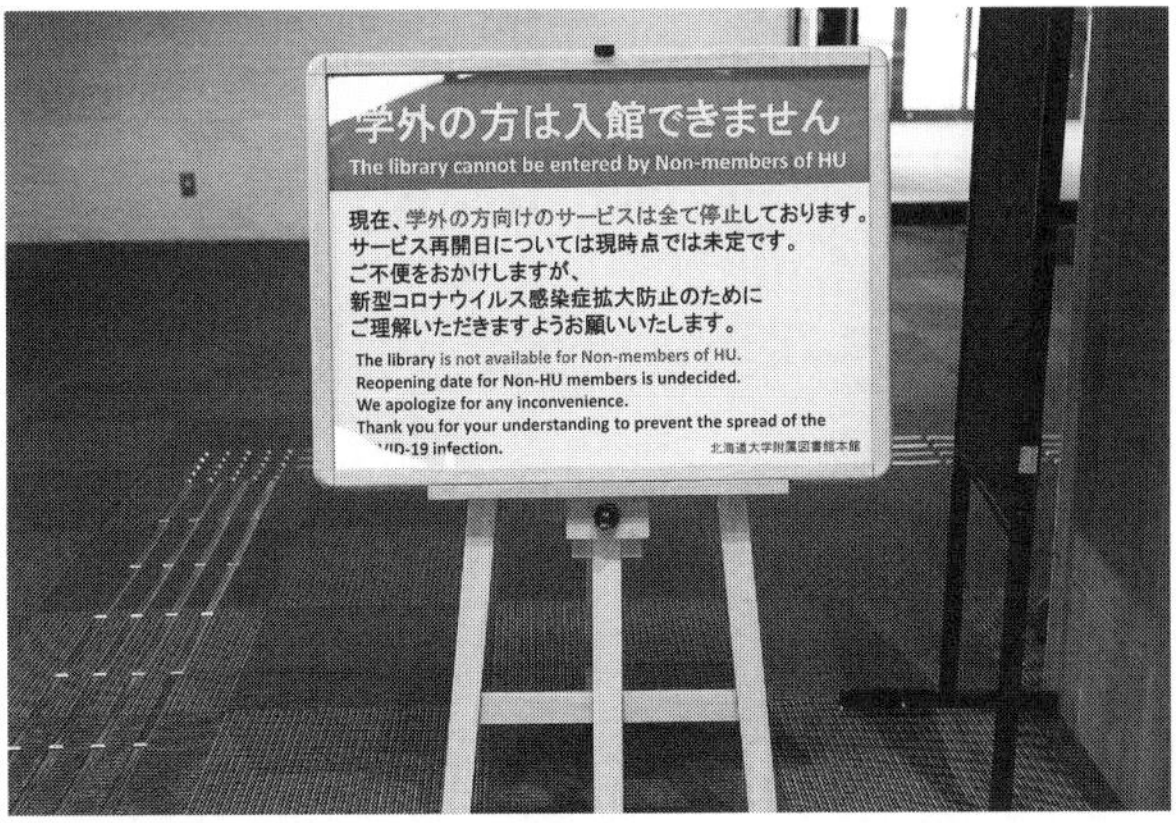

大学図書館の学外者利用にも制限がかけられた（2020年9月、北海道大学札幌キャンパス、著者撮影）。

大学の食堂にも飛沫防止のため、アクリルの“壁”が出現（北海道大学生協中央食堂、2020年9月、著者撮影）。

（1）二〇二〇年のコロナ危機

COVID-19パンデミック

二〇二〇年、COVID-19（COVID-19は感染症の名称。ウイルス名はSARS-CoV-2）は世界に広がりました。米国のジョンズ ホプキンス大学の集計[1]によれば、感染者の総数は一億一七〇〇万人以上、死者は二六〇万人に達しています（二〇二一年三月一〇日現在）。感染の世界的な広がりは一九一八年から一九二〇年にかけて大流行した「スペイン風邪」を彷彿させるものです。科学や医療が飛躍的に発展した現代においても、密集を避けることやマスク着用などインフルエンザ感染症対策の基本は変わらないこと、短期間に変異するインフルエンザウイルス感染症を克服するには、社会を挙げての対策が必要であることなどがあらためて確認されてきました。

パンデミック（病気などの世界的流行）が世界規模の人の移動により引き起こされることも同じです。COVID-19の発生時期や発生場所に関しては諸説ありますが、二〇二〇年一月二三日、中国武漢市が閉鎖されたことにより、新型コロナウイルスの感染拡大が差し迫った危機であることが広く認知されました。翌二四日、外務省は中国湖北省への渡航中止を勧告します。さらに、一月三〇日にはＷＨＯ（世界保健機関）が「緊急事態」を宣言しています。

日本国内では、一月一六日に初めて感染者が確認されていました。政府は、二月一日、新型コロナウイルスを指定感染症とする政令を施行します（ＷＨＯが新型コロナウイルス感染症をＣＯＶＩＤ-19と命名したのは二月一一日のことでした）。二月三日、横浜港に入港したイギリスからのクルーズ船、ダイヤモンド・プリンセス号船内に感染者が発生していることが判明、危機感が高まります。二月一三日には国内で最初の死者が出ました。

緊急事態宣言

このような中で、政府は専門家会議を設置し、二月二五日、新型コロナ対策の基本方針を決定します。そこでは、ＰＣＲ検査を「新型コロナウイルスを検出できる唯一の検査法[2]」であると認めていながら、感染症予防の観点から広く検査を行うという方針をとりませんでした。その後、政府は、海外からの入国の制限、大規模イベントの自粛要請等、国民の行動を制約していきます。新型コロナ対応の特措法（新型インフルエンザ等対策特別措置法）の改正法が成立した三月一八日以降、対策本部を設置し、海外諸国・地域からの入国拒否、全世帯への布マスク配布、七都府県を対象とする緊急事態宣言（後に全国に拡大）、事業規模一〇八兆円の緊急経済対策などの施策を打ち出していきます。

ＣＯＶＩＤ‐19パンデミック、および一連の施策と市民の自衛行動は、人びとの社会生活にさまざまな影響を及ぼしました。市中ではマスクや消毒液がほとんど手に入らない状況が続きました。さらに医療現場においても防護服や衛生用品の不足が起こる深刻な事態となりました。音楽・芸術・スポーツなどの催しは軒並み延期、中止に追い込まれました。交通、宿泊、外食も甚大な被害を受けました。海外からの輸入が途絶えたことにより、製造業に対する影響も深刻でした。この間、経済活動の縮小により、多くの人が所得を減らしたり、雇用自体を失うという苦境に立たされました。[3]

経済対策へのシフトと感染の再拡大

五月一四日、政府はまず感染者数の少ない三九県において、続いて二五日、残りの八都道府県において緊急事態宣言を解除します。予定より早く緊急事態宣言を解除したのは、経済に与えるダメージを抑えるためでした。以後、政府は、「感染症対策と経済との両立」をめざすことを基本方針としていきます。

五月中旬以降、国内におけるCOVID-19の新規感染者数は二桁にとどまっていました。しかしながら、六月下旬に入ると徐々に増加、七月下旬から八月上旬には全国で一五〇〇名以上の感染者を出す日もありました。その後、感染者数はふたたび減少し、九月・一〇月は五〇〇人程度で推移します。感染者数の推移に関して、政府は四月初旬のピークを「第一波」、七月から八月にかけてのピークを「第二波」と呼んでいました。ところが、それ以降の感染を「第三波」とは呼んでいません。

政府の対策、施策に関しては、これまでさまざまな問題点が指摘されてきました。新型コロナウイルスの発見から、日本国内における感染拡大までタイムラグがあったにもかかわらず感染症対策が遅れたこと、対策が一貫性を欠き科学的根拠に乏しいこと、経済的打撃を受けている国民に対する所得補償が十分でないこと、「緊急事態宣言」解除後は感染症対策がおろそかにされていることなどです。この間、首相が安倍晋三から菅義偉へ交代しました。しかしながら、政府の対策が抱えている問題は変わっていません。

一一月以降、各地で感染者数が急増し、ついに一日二五〇〇人を越えるまでになってしまいました。一一月下旬になると、いくつかの都府県で病床が不足し、新聞などで「医療逼迫」という言葉がひんぱんに使われるようになりました。一八日には、日本医師会会長が「ＧｏＴｏトラベル」が感染拡大と強く関与していると指摘し、政策の転換を求めました。しかしながら、政府の対応は遅れ、「ＧｏＴｏトラベル」が中止されたのは一二月一八日からでした。

二年目に突入したコロナ危機

二〇二一年、日本国内は年明けから緊急事態宣言の発令が政治の焦点とされるようになりました。一月二日に一都三県（東京都・神奈川県・埼玉県・千葉県）が政府に緊急事態宣言発令を要請すると、西村厚労大臣は「国として受け止め検討」と回答しました。一月四日、菅首相は一都三県に「緊急事態宣言」を発令、一三日には七府県（栃木県・愛知県・岐阜県・大阪府・京都府・兵庫県・福岡県）も緊急事態宣言の対象となりました。

二月三日、感染症法（感染症の予防及び感染症の患者に対する医療に関する法律）と特措法（新型インフルエンザ等対策特別措置法）の改正法が成立しました（二月一三日施行）。改正感染症法は、入院措置に応じない者や積極的疫学調査に対して拒否・虚偽報告をした者らに対して罰金刑を導入するものとなりました。改正特措法は、都道府県知事に事業者に対する営業時間の変更等の措置を要請・命令することができる「まん延防止等重点措置」を規定しました。適用の要件が不明確かつ流動的であり、刑罰の公正性・公平性が担保できないこと（改正感染症法）、事業者の具体的な事情が考慮されず、恣意的な運用のおそれがあること（改正特措法）など問題点が指摘されています。

政府はこの緊急事態宣言の期間を二月七日までとしていました。しかしながら、重症病床の使用率や新規感染者数など各地域で判断の基準としている項目のほとんどが解除の目安を下回ることはありませんでした。そのため、政府は二月八日以降も緊急事態宣言の期間を延長しています。二月二八日になると、政府は首都圏を除く六府県の緊急事態制限を解除しました。一方、首都圏では緊急事態宣言の期間を三月七日まで延長、さらに三月二一日まで再延長しました。

海外では、ニュージーランドや台湾など、徹底的な検査と隔離を行ったことが功を奏し、収束国と呼べるレベルに感染を抑え込んでいる国があります。一方、同じようなとりくみを行いながらも感染拡大を食い止めることができず、ロックダウンを繰り返している国も少なくありません。各地でウイルスの変異が起きていることも報告されており、ワクチンが普及したとしてもＣＯＶＩＤ-19パンデミックの収束を見通せるかは未知数です。

（2） COVID-19パンデミック下の大学

一変した大学の状況

国内での感染者増加が目立ってきた二〇二〇年二月中旬以降、すでに授業期間を終えていた大学にも、入学試験の中止など影響が及んできました。大学は政府の休校「要請」の対象とはされていませんでしたが、多くの大学が卒業式を取りやめたり、学生に卒業旅行の「自粛」を求めるなどしました。例年とは打って変わり、卒業生が賑やかに集うことなくキャンパスを去る異例の三月でした。この間、各大学は、来たる新年度の授業や行事をどうするか検討し、オンライン授業の導入や一学期の授業開始日の延期などを決めていくことになります。

四月に入り、政府は改正新型インフルエンザ等対策特別措置法に基づく「緊急事態宣言」を発令しました。これを受けて都道府県は「緊急事態措置」を策定、大学も「行動指針」等をつくるようになりました。各大学の「行動指針」には、感染拡大防止のために、学生の校内・校舎内への立ち入り制限、対面授業の停止（全ての授業のオンライン化）、大学業務のテレワーク化、課外活動の禁止などが盛り込まれています。オンライン授業の実施には、教材の準備、通信環境の整備などに時間を要することから、多くの大学が授業の開始をさらに遅らせ五月の連休明け以降としました。

新年度のはじまりとともに、新たな問題が顕在化します。授業が始まらず、キャンパスが立入り禁止になったことにより、多くの学生が孤立化してしまいました。特に、四月から学生生活を始める新一年生の状況は深刻でした。COVID-19の性質が解明されておらず世界中でパンデミックが深刻化していることも、学生の不安をかき立てました。

各大学の「行動指針」も、容易に実施できないことが明らかになりました。一般的な大学の通信回線の容量は高校までの学校よりはるかに大きいものです。しかし、それでも数千～数万人規模の学生が同時に接続した場合、通信速度が極端に遅くなったり、サーバーがダウンしてしまうことがあります。また、大学側の通信環境が整っていたとしても、学生個人の側はそうとは限りません。自宅にWi-Fiがなかったり PCを所有していない学生はオンライン授業を受講することは困難です。

この間、異例の事態に対応した教職員の労力は大きなものでした。全国の大学・高等専門学校の組合の連合組織である全大教（全国大学高専教職員組合）が行ったアンケート調査では、「教育・研究・診療・学内業務等をすべてふくめた業務負担は、例年と比べて」、

「かなり増えた」四七・五％、「やや増えた」三二・九％、「業務負担のうち特に増えている内容」（複数）は、「教育」九四・九％、「学内業務等」三五・一％などの結果となっています。[4] 業務負担の増加は多くの教職員が感じていますが、特に、学事日程、時間割・教室等の変更、学生（ときには父母ら）からの問合せに追われた教務・学生担当の職員、大学毎の違いに対応しなければならなかった非常勤講師らの負担はとりわけ大きなものとなりました。

二〇二〇年の北海道大学

ここで、一つの大学の姿をふり返ってみたいと思います。北海道大学は、学生数一万七〇〇〇人余り、うち学部学生数約一万一〇〇〇人、主なキャンパスである札幌キャンパスと函館キャンパスに計一二の学部（文・教育・法・経済・農・理・工・医・歯・薬・獣医・水産）・大学院組織がある大規模な国立大学です。学生の半数弱が札幌市ほか北海道内各地から、残りの半数以上は北海道以外の全国各地や海外からやってきます。

北海道はＣＯＶＩＤ-19の感染が早期に拡大し、全国と比べて高い水準で推移してきた地域です。二〇二〇年六月の緊急事態宣言の解除も首都圏と並んで最後でした。このよう

表1　新型コロナウイルス感染拡大防止のための北海道大学の行動指針（BCP）

制限レベル	判断基準	研究	授業	課外活動
解除	通常	通常	通常	通常
1：制限（小）	地域に感染者が確認され、在宅勤務を要する者がいる場合	感染拡大に最大限配慮して実施可能	感染拡大防止措置を行い対面で実施。オンライン授業の積極的利用	感染拡大防止に最大限配慮して実施
2：制限（中）	知事から自宅待機等が要請されている場合、あるいは本学関係者が罹患し必要と認める場合	研究を維持するために必要最小限度の研究スタッフの短時間立ち入りを許可	オンライン授業を中心に実施。一部の演習等は感染拡大防止措置を行い対面で実施	禁止（オンラインのみ）
3：制限（大）	特措法に基づく緊急事態宣言が発出され、外出自粛制限等が要請されている場合	特定の条件を満たした研究スタッフのみ短時間立ち入り許可	オンライン授業のみ実施	禁止（オンラインのみ）
4：制限（最大）	大学を閉鎖せざるを得ない場合	機材・資料の保守等に限定	全面休講	禁止（オンラインのみ）

「新型コロナウイルス感染拡大防止のための北海道大学の行動指針（BCP）」を、清水池義治「新型コロナ下の大学生とオンライン授業―北海道大学農学部を事例として―」（「北海道高等教育研究所ニューズレター」第15号、2020年10月3日）の資料を参考に一部文言を修正。

な中、北大も当初は二〇二〇年度前期の授業の開始を一週間延期する予定でしたが、最終的に授業開始日を五月一一日まで延期することになりました。

北大では、新たに「新型コロナウイルス感染症対策本部」をつくり、四月一六日、全学に共通する活動の制限レベルを定めた「行動指針（BCP）」を策定しました（表1）。「行動指針」は全部で四段階（制限レベル1～4）あります。ポイントは、制限レベルが2になると、学生の対面での課外活動、大学内の課外活動施設の使用を禁止します。レベル3になると、授業はすべてオンラインになります。そして、最も重大なレベル4では、授業は全面的に休講となり、研究を含めた大学の業務はほとんど停止しなければなりません。ただし、附属病院に勤務する医療関係者、およびコロナウイルス研究従事者はこの「行動指針」の適用範囲外です。[5]

「行動指針」の制限レベルは、四月一七日から2が適用されたものの、わずか三日後の四月二〇日、3に引き上げられました。そして、六月一日に2に戻り、七月一〇日以降、夏期休業期間まで1となりました。九月末からの後期はひきつづき制限レベル1の中ではじまりました。しかし、北海道および札幌市が警戒レベルを「ステージ4」相当に引き上げたこと、および学内での感染者が増加したことから、一一月一八日、北大は「行動指針」の制限レベルをふたたび2に引き上げました。制限レベルの変動は、学内の感染状況、北海道知事からの要請や特措法に基づく緊急事態宣言発令に基づくとされていますが、運用の基準は必ずしも明確ではありません。四月から七月までの制限レベルの変動は、基本的に緊急事態宣言、緊急事態措置など、政府・北海道の対策に依拠していました。ところが、七月以降は、制限レベルの上げ下げは北海道が設定した「警戒ステージ」に連動せず、学内の感染者数の動向などを理由としたものになっていきました。

「行動指針」は全学共通であるものの、対応の詳細は各学部・大学院組織で異なります。緊急事態宣言の発令中は「行動指針」はレベル3とされていたため、全学的に授業はオンラインとなりました。緊急事態宣言が解除されてからの対応は、学部等によりわかれていきました。

筆者が所属する教育学部・教育学院[6]では、比較的早く、対面授業の再開に踏み切りました。それでも、教員の希望と受講者数の把握、教室の調整、対面授業を希望しない学生に対して配慮するための準備などに時間がかかり、対面授業が再開されたのは六月下旬になってからでした。実験を不可欠とする自然科学系の学部では、一回当たりの人数を制限して対面の実験を行ったり、オンラインのデモ実験を見せるなど工夫していたようです。[7]一方、対面授業をまったく行わない学部もあったようです。こうした他の学部等の動向はほとんど伝わってきませんでした。それどころか、教員同士の接触が極めて限られていたこともあり、自分の学部・大学院で他の教員がどうしているかさえほとんどわからないまま、孤立して仕事をこなす日々が続きました。

うずまく批判

学部や大学院の授業がそれぞれの組織の目的に合わせて行われていたのに対して、一年生の様子は異なるものでした。北大では一年生は全員、総合教育部という組織に所属し、ここで「全学教育」と称する教育課程により学びます。そして、二年次以降は各学部に「進級」します。このとき、「総合入試[8]」により入学した学生は、移行先の学部・学科も決定することになります。GPA（Grade Point Average）に基づき算出された「移行点」が上位の者から順番に振り分けられるため、人気の学部・学科をめざすものは熾烈な競争をすることになります。他方、学部別の入試を経て入学した学生にはそうした競争はありません。

このように独特な北大の「移行」のしくみは、入学当初からオンライン授業が続いた一年生の労苦を倍加させてしまったようです。授業内容に関して大学院生がアドバイスなどを行う学生の学習支援組織である「北海道大学ラーニングサポート室」が実施した「授業課題に関する調査」（二〇二〇年七月一〇日-一七日実施。回答一八三〇件、回答率六九・二％）には、二〇二〇年前期の一年生の苦労、苦悩がさまざまなかたちで表明されました。

課題の量に関しては、多くの学生が課題が多すぎると感じています。課題の量自体は大きく変わっていないものの、相談できる相手がいないことや、過去問が入手できないことから負担を過大だと感じる学生が多いのではないかという見方もあります。授業に関する連絡や課題の提出方法が統一されていないことに伴う混乱、通信の乱れや提出物がうまく送れていないことに関する心配、そして、例年より「移行点」が高くなるのではないかという不安などを感じている学生も一定数見られました。

二〇二〇年七月一〇日、北大の「行動指針レベル」が1に引き下げられました。このことに伴い、一部の授業科目において対面授業が開始される可能性があることが予告されました。しかしながら、対面授業の再開に対して，学生の中には反対意見や強い不満を漏らす者もいました。反対・不満の主な理由は、①対面授業の実施により感染リスクが高まること、②対面授業とオンライン授業の混在は混乱や負担増につながること、③七月一〇日以降対面授業を開始する理由が不明確であること、④大学の方針が二転三転したことや説明の遅れ・不十分さ、でした。さらに、七月一〇日時点では課外活動が依然として禁止されていたことに関しても、不満が相次ぎました。

一方で、北大の制度や大学の意義に関する意見もありました。これらの中に学生の視点から問題点を探るものがあったことは、大学が学生の権利を保障するためにとりくむべき課題を示唆していると思われます。

北海道大学ラーニングサポート室「授業課題に関する調査」(自由記述)の抜粋

・課題が多いので、文化的な生活が全く送れていません。ほぼ毎日徹夜です。課題がまるでわんこそばのように来るので、ただ課題を処理するだけの、あまり知識として身になるようなことのない二ヶ月でした。学生は課題処理マシーンではありません

・ネット上などで相談できる相手が見つかったとしてもほとんどの宿題が「成績にふくまれるので他人への相談は禁止」という指定がされている。さらに課題やテストの結果や平均点を公表してくれる講義が少なく、周りのレベルも把握できないのでとても不安を感じる

・何もかもが楽しくない。退学すら一度考えた。何より開示の結果からも後期入学で農学部に受かっていたのに、これで無事移行できなかったら本当に辛い。死にた

い。すべてが無気力な気持ちでいる。自分が学部生だったらもう少し力を抜いて生きれるのに。自分の人生の選択を後悔している。どうせ明日のTOEFLはロクな点数じゃない。あ～あ。「今年はなるべく希望する学科に移行しやすくします」とでも言ってくれたら気分はよっぽど軽くなるのに。無限の競争原理ゆえ、他大学の生徒よりも精神的に追いやってしまっている

・私たちは単位をとることや、学歴のために大学に来ているのではなく、自分の学びたいこと、学ぶべきこと、自分一人ではできないことを学ぶために大学に来ている

問われる大学のあり方

北大以外でも、コロナ危機にかかわって、大学に対する批判はたびたび起こりました。二〇二〇年三月、海外旅行から帰国した学生に複数の感染者がいたことや、ゼミの卒業パーティーでクラスターが発生していた疑いがあることなどがわかると、大学や学生の責任を追及する報道が相次ぎました。[9] 大学名が紙面で報じられた京都産業大学は、学長が大学ホームページに謝罪文を掲載しました。[10] その後も、各地の大学で感染者が発生し、新聞等

で報道されることもたびたびありました。大学に感染者が出た場合、地域に対して情報提供することは必要ですが、それはあくまで地域の公衆衛生の改善を目的とするものです。しかしながら、中にはそうした視点を欠く報道もあったように思われます。

アルバイトの求人がなくなったり、家族の収入減少により、多くの学生が経済危機に陥ったことも、深刻な問題でした。こうした中、多くの大学で、経済支援の拡充や授業料の減免等を要求して多くの学生が立ち上がりました。運動は主にインターネットの署名サイトを通じて行われ、二〇〇を越える大学等で署名が行われました。署名をもとに大学と交渉を行った学生も少なくありません。これらの運動は大学に対する批判を含むものですが、必ずしも大学と敵対していたわけではありません。大学の教職員も大変な労働を強いられており、授業料の返還を求めることは教職員へのしわ寄せとなりかねないこと、大学間の体力の格差が学生に対する支援の水準に直結することなどが理解され、運動は公費負担による授業料半額化を統一的に要求するものへと展開しています。

オンライン授業が長期化するにつれ、学生・父母らの批判が高まります。七月下旬、文科省は対面授業再開を促す通知を発出。九月以降、対面授業の再開といわゆる「ハイブリッド化」の推進へ向けた調査・啓発に力を入れるようになりました。しかしながら、大学の中には後期もすべて、または大半の授業をオンラインで行う大学が少なからずありました。これに対して、萩生田文科大臣は大学名を公表すると発言、対面授業の再開は次第に政治問題化していくことになります。

ＣＯＶＩＤ-19パンデミックは、私たちの日常を大きく変えました。すでに多くの人が指摘しているように、二〇二〇年に起きた問題の多くは、以前から存在していたものでした。ＣＯＶＩＤ-19パンデミックは問題を顕在化し、私たちに考えるきっかけを与えるものだったといえるかも知れません。大学に関しても、これまで私たちが当たり前だと考えていた大学の日常の中にも、見直してよいもの、変えるべきものがあることがわかりました。とりわけ、多くの批判が学生から行われたことは、大学の問題の解決が学生のために行われるべきこと、学生自身もその担い手であるべきことを示した点で重要な意味を持っているのではないでしょうか。

1　ＣＯＶＩＤ-19 Dashboard by the Center for Systems Science and Engineering (CSSE) at Johns Hopkins University (JHU). https://gisanddata.maps.arcgis.com/apps/opsdashboard/index.html#/bda7594740fd40299423467b48e9ecf6

2 新型コロナウイルス感染症対策専門家会議「新型コロナウイルス感染症対策の基本方針の具体化に向けた見解」二〇二〇年二月二四日。

3 厚生労働省の集計では、COVID-19に関連する解雇は、見込みも含めて累計九万六九八八人とされています。「新型コロナウイルス感染症に起因する雇用への影響に関する情報について」(二〇二一年三月一九日現在)。

4 全国大学高専教職員組合「新型コロナウイルス感染症への対応下での労働実態・教育研究状況アンケート」二〇二〇年六月一七日~九月九日実施(回答数一一七四)。

5 北大では「行動指針」と呼んでいるBCPはBusiness Continuity Planの略で、「事業継続計画」と訳されることが多いようです。筆者は、北大の「行動指針」策定により、この言葉を知りました。全国の大学にはCOVID-19パンデミック以前からBCPを策定していた大学もあったようです。例えば、早稲田大学では、大地震などの災害時の組織体制・拠点体制・人員体制や、被災直後の初動対応、事業再開に向けた中期的な復旧対応を規定するものとして、二〇一九年にBCPを策定しています(早稲田大学ホームページ「早稲田大学BCP(事業継続計画)」https://www.waseda.jp/top/about/work/organizations/general-affairs/safety/bcp)。

6 北大の大学院組織は、学校教育法(百条)が常例とする「研究科」ではなく、「研究院」(教員組織)、「教育学院」(大学院修士課程・博士課程の教育組織)と称しています。

7　小亀一弘「理学部での取り組み、特にオンラインと対面を同時実施で行う学生実習について」国立情報学研究所「大学等遠隔授業に関する取組状況共有サイバーシンポジウム」二〇二〇年九月二五日)。

8　北大の「総合入試」は、学士課程の一般選抜（一般入試）を学部別に行うのではなく、「総合文系」（定員九五）、「総合理系」（定員一〇一七）の区分で行います。「総合入試」により入学した学生の学部・学科は、二年次に進級する際に決まります。文類・理類の枠のみで入試を行う東大とは異なり、北大では学部別の入試も行っています。

9　「京産大生四人が感染　京都市が注意喚起　新型コロナ」『朝日新聞』京都朝刊二〇二〇年三月三〇日、「京産大生ら感染一九人に　新型コロナ　濃厚接触者五〇人調査」『読売新聞』大阪朝刊二〇二〇年三月三一日など。

10　大城光正「本学卒業生・学生の新型コロナウイルス感染症罹患者の発生および感染の拡大について」二〇二〇年四月一日（京都産業大学ホームページ https://www.kyoto-su.ac.jp/news/2020_345_covid.html)。

第二章　オンライン授業の光と影

ハイフレックス（対面授業をオンラインでも同時配信）のための教室用機材（早稲田大学戸山キャンパス、2021年4月、著者撮影）。

（1）　オンライン授業の一斉導入

授業の大半がオンライン化

二〇二〇年前期、圧倒的多数の授業がオンライン化されました。緊急事態宣言が発令されたことにより通学圏内に転居できない学生も相当数に上り、各大学は授業の始期や実施形態の見直しを余儀なくされました。

文科省調査によれば、六月段階では、「全面対面」九・七%、対面と遠隔の「併用」三〇・二%、「遠隔授業のみ」六〇・一%（回答数一〇六六校（高専含む））（文科省「大学等の授業の実施状況」六月一日時点）でした。対面授業とオンライン授業を併用していた大学でも、オンライン授業の割合が高かったようです。朝日新聞と河合塾の調査によると、七月上旬時点で、すべての授業をオンラインにしていた大学は二五%、「八〇～九九%がオンライン授業」という回答を含めると、七割の大学が授業の八〇%以上をオンラインで実施していました。[1]

障害の克服

これまで、大学の授業は対面で行うことが当たり前でした。大学設置基準は、学生数に応じてキャンパスの面積や備えるべき施設などを定めています。また、研究・教育の専門分野に応じて、やはり必要な施設の種類や面積などの基準を定めています。これらは学生が通学し、キャンパスで学ぶことを前提としたものです。このような大学の状況は、オンライン授業の全面的な実施に対応することはできません。そのため、二〇二〇年前期、大学ではオンライン授業に伴うさまざまな問題が起こりました。

まず、環境面の問題です。オンライン授業を実施するためには、情報通信技術を駆使する必要があります。大学は高校などに比べるとキャンパス内の通信環境は充実しているとはいえ、大勢の学生が同時に接続し、容量の大きいデータをやりとりすることを想定してはいませんでした。そのため、授業がはじまると、大学のサーバーがダウンするという事態がたびたび起こりました。そのため、授業のライヴ配信は最小限度にとどめる、データサイズの大きな動画は外部のサイトにアップロードするなど涙ぐましい努力が行われました。サーバーの増強にとりくんだ大学も少なくありません。

オンライン授業の導入は学生をキャンパス内に立ち入らせないための措置であったこと

から、学内に多くのコンピュータ端末があっても、学生は基本的にそれらを使うことができません。学生が持つデバイスや通信環境がオンライン授業受講の〝壁〟となってしまうこともありえます。多くの大学は初期の段階でこの問題を想定し、学生に対してWi-Fiルータやノートパソコンの貸出しを行ったり、機器の整備や通信費のための費用を支給したりしました。

授業の動画を配信するためには、コンピュータ端末のほか、マイクやウェブカメラなどの機材が必要です。最近のノートパソコンやタブレットは、それらを内蔵したものが多くなっていますが、板書を映す場合などには十分な性能とはいえません。教員の多くは機材の整備に追われることになりました。この点で、大学の設備を利用できなかったり、機材の整備費が手当てされない非常勤講師が直面した困難は深刻でした。

内容に関しては、オンライン授業が対面授業と同等の質を提供できるかが問題になります。対面学生の場合、出席した学生の反応を見ながら、頭に浮かんだ話をはさんだり、話し方を変えたりすることは日常的に行われます。板書の内容も同様です。一方、オンライン授業では学生の反応を察知することが困難です。そのため、あらかじめ予定した内容のみを淡々と話すなど、対面授業に比べて無味乾燥なものになりがちです。オンライン授業では教育の質を保つことができないと考える教員は少なくありませんでした。

しかしながら、二〇二〇年春、多くの大学では、授業をやろうとするならオンライン以外考えられないという状況でした。したがって、「対面授業と同等の質を保てない／保てそうもないからオンライン授業は行わない」という理由は通用しなくなり、議論の中心は「オンライン授業において対面授業と同等の質を保つにはどうするか」になったのです。この問題に関しては、あらためて述べますが、とにかく「情報通信機器を使って授業するのは苦手」「やり方がわからない」といった、以前なら最大の障壁だった議論は一掃されることになりました。

オンライン授業を行うためには、ソフトウェアの操作技能が欠かせません。多くの教員がオンライン会議用のソフトウェアや、ＬＭＳ（ラーニング マネジメント システム）の操作など基本的な技能を習得するための研修、訓練を受けることになります。筆者もオンライン会議ソフトを使うのははじめてであり、二〇二〇年前期は画面共有などごく限られた機能しか用いることができませんでした。大学によっては、全学的な委員会の下に専門的な教職員の組織をつくり、オンライン授業を技術面からサポートした大学もありました。また、有志が授業の目的毎に異なる利用目的に応じてＬＭＳの使用方法をサポートする活動を行い、発展させた例もあります。[2]

このほか、オンライン授業における著作物の扱いも問題になりました。著作権法は、対面授業においては著作物を許諾なしに無償で複製し、教材として利用することを認めています。しかし、オンラインの場合は個々に許諾を得る必要があるとしていました。二〇一八年、学校等の設置者が窓口となる指定管理団体（一般社団法人授業目的公衆送信補償金等管理協会）へ補償金を支払うことにより、個々に承諾を得なくても済むようにする著作権法改正が行われました。しかし、二〇二〇年春の時点では改正著作権法は施行されていませんでした。このままではこれまで著作物を配布してきた多くの授業が実施困難になるため、大学等から、緊急時における「授業目的公衆送信補償金制度」の早期施行を求める意見が出されました。その結果、改正著作権法の施行が早められ、二〇二〇年度から暫定的に運用されることになったのです。[3]

また、文部科学省は遠隔教育により取得した単位の上限を卒業要件である一二四単位のうち六〇単位までと定めている大学設置基準の緩和措置を行いました。このこと自体は必要なものでしたが、オンライン授業に「対面授業と同等の効果」を求めることには無理があり、後に見るようなさまざまな問題を引き起こすことになりました。

このようにして、二〇二〇年、情報通信技術を活用した教育が同時期に全国ほとんどの大学で実施可能になりました。急速かつ一斉の導入は、オンライン授業のメリットとデメリットを広く認識させることになりました。また、オンライン授業の是非にとどまらない、さまざまな大学の問題を浮き彫りにしたということができます。

（2）オンライン授業のインパクト

オンライン授業のメリット

オンライン授業が一斉に導入されたことにより、これまで頭の中で理解することはできても体験的に知る人は多くなかったオンライン授業のメリットとデメリットが広く認識されることになりました。このことは、オンライン教育にとどまらず、対面授業その他の大学教育、学生の勉学・生活環境全般に対する認識を揺るがすことになりました。

オンライン授業導入は何よりも、大学における学生同士、学生と教職員らの接触の機会を大幅に減らし、大学における感染症対策に寄与しました。キャンパス内だけでなく、通学時に感染するリスクもなくなります。また、学生が通学するための公共交通機関の利用を減らすことで、社会的な感染症対策としても意義があったことは間違いありません。

このほか、オンライン授業には対面授業にはないさまざまなメリットがあることも明らかです。

第一に、空間的な制約が緩やかです。対面授業では、受講者・教員とも教室・実験室など定められた場所に集まらなければなりません。しかし、オンライン授業はそれぞれが受信その他の環境を確保できればよく、特定の場所にいる必要はありません。

そのため、第二に、移動時間の短縮もはかられます。オンライン授業に関する学生アンケートの結果、オンライン授業のメリットの上位には必ずといってよいほど「通学時間がかからない」が挙がりました。ライヴ配信の場合には特定の時間に受信しなければなりませんが、その必要がないオンデマンドの場合には、時間的制約はさらに小さくなります。

これらのメリットは誰もが享受できるものです。とりわけ心理的肉体的な理由によりこれまで対面授業の受講が困難だった学生に対する教育の保障に、オンライン形式の授業は大きく貢献することになります。同じことは教員にとってもメリットとなりえます。遠方からでもゲスト講師に出演してもらうことが可能となり、授業の幅が広がることはその一つです。

このほか、オンデマンド形式の授業では、授業の映像を繰り返し見て確認したり、再生速度を変えることで時間の短縮を図るなど、学生が自身の必要に応じた仕方で利用することができます。これもメリットの一つといってよいでしょう。

オンライン授業の問題点

オンライン授業は、得られることのできる情報が通信機器を介したものに限定されます。将来の技術革新の可能性はともかく、現状では物理的な制約に伴う問題点は少なくありません。

長時間ディスプレイを見続けることによる目の疲れ、パソコンなど情報通信機器を操作しながら学習し続けることに伴う心身の疲労の蓄積は深刻なものの一つです。「授業の質」を確保するために出される課題の多さ、機材・通信費のほか、教材の印刷にかかる費用などの負担が大きいことも、各種調査において異口同音に指摘されています。

そして、最も大きな問題は、対面授業なら得ることのできる教員や周囲の学生から得られる情報が乏しくなることです。これらは映像でもある程度うかがうことはできますが、質の低下は否めません。また、受講者が多くなると、個々の学生の反応をうかがうことは困難になります。こうしたことから、教員が学生の反応を感じ取り、授業中の発話や板書の内容に反映させることは難しくなります。このことは、やりづらさやモチベーションの低下にもつながる問題です。学生も、自分の理解度がどの程度なのか、周りの学生の様子をうかがったり、相談したりして知ることができなくなります。共有することのできる空間がないため、授業時間の前後の語らいも生まれません。学生同士が教え合ったり、授業に関する情報を共有することを難しくします。

こうした問題は、ソフトウェアの機能を活用したり、授業の進行を変えることで、ある程度まで克服可能です。そのため、教員もさまざまな工夫をするようになっています。したがって、対面授業と比べた場合のデメリットと考えられていたことが、次第に少なくなっていく可能性はあります。

それでも困難なのは、学生がキャンパスに集まり生活をともにする機会を確保することです。二〇二〇年に行われたオンライン授業の導入は、それ自体が目的ではなく、感染症対策として、校舎・キャンパス内に学生が立ち入らないようにするためでした。このことは、学生が充実した生活を送ることを難しくし、心身に多大な影響を及ぼすことになりました。オンデマンド方式の授業が多くなると自由度が高まる反面、生活リズムがつくれなくなる学生が増加することも、多くの調査により明らかになっています。

学生アンケート調査

二〇二〇年、多くの大学が学生に対してオンライン授業に関するアンケート調査を行いました。これまでも、ほぼすべての大学が毎年授業に関するアンケート調査を行っていましたが、オンライン授業に関する調査は、新しい授業形態が引き起こす問題とともに、これまでの対面授業にも問題があったことを浮き彫りにしました。

オンライン授業に関するアンケート調査を早い時期に実施した大学の一つに京都ノートルダム女子大学があります。ノートルダム女子大では、二〇二〇年四月二八日～五月三日の間、オンラインで次頁の表2のような質問項目のアンケート調査を実施しました（五月調査）。調査結果の報告によれば、学部生六九五名（在学生の五三・一％）が回答しています。[4]

ノートルダム女子大は四月一五日からオンライン授業を開始していました。アンケート調査は、開始からおよそ二週間を経た時点での状況と学生の評価を聞くものとなっています。

注目されるのは、早い段階の調査でありながら、回答の中に、後に他の多くの調査で明

表２　京都ノートルダム女子大の「オンライン授業に関するアンケート」質問項目

・オンライン授業の全体としての「満足度」（５段階） ・オンライン授業の全体としての「理解度」（５段階） ・現在利用可能な媒体（複数回答） ・オンライン授業でどの媒体を利用しているか（複数回答） ・オンライン授業の通信環境 ・現在のオンライン授業の通信状態 ・受講しているオンライン授業の形式（複数回答） ・オンライン授業における課題や振り返りの提示の有無 ・オンライン授業における課題に対する教員からのフィードバックの有無 ・オンライン授業で困っていること（複数回答） ・オンライン授業で良かったと思うこと（複数回答） ・オンライン授業で楽しめていること（自由記述） ・オンライン授業について不安に感じていること（自由記述） ・これまで受けていた「対面授業」と比較して、良かったと思うこと（２～４年生。自由記述）

京都ノートルダム女子大学教務委員会「オンライン授業に関する学生アンケート」（2020年４月15日～５月３日調査）より光本作成。

らかになるオンライン授業の問題点、学生生活への影響のほとんどが出揃っていることです。学生の中には、同居する家族とパソコンを共有せざるをえない者やスマートフォンしか所持していない者がいます。データ通信量の制限がある学生もいます。一年生・上級生とも「全て」または「多くの」授業で課題や振り返りがあるものの、フィードバックは三割程度の授業で「ほとんどない」「全くない」と回答しています。オンライン授業のメリットとしては、多くの学生が「自分のペースで、自宅で学習できること」を挙げています。他方、困っていることは、一年生は「コンピュータの不慣れ」「勉強のペースのつかみにくさ」「友達と学べないこと」を挙げる者が多く、上級生では「課題の多さ」を挙げる者が多くなっています。

この調査では、オンライン授業の満足度は一年生と二〜四年生の間に有意な差があり、一年生の満足度が高いという結果が出ています。この結果に関して、大学は特に考察を行っていませんが、この差は、比較対象となる対面授業の経験の有無によるものではないかと思われます。

ノートルダム女子大では、七月一七日〜七月三一日に二回目の調査を行っています（七月調査）。実施方法、回答者数は五月とほぼ同じでした。同大学は六月から一部の対面授業を開始しました。その後のオンライン授業の評価と合わせて実態を把握し、前期授業を総括することを目的として実施したものです。

一年生も対面授業との比較ができるようになり、「どちらかというと対面授業の方が学習効果が高い」という割合が最も高くなっています。一方で、一年生、上級生とも三割強〜四割程度の学生が「どちらかというとオンライン授業の方が学習効果が高い」または「オンラインと対面授業では差がみられない」と回答しており、授業形態への評価はわかれています。「オンライン授業で困ったこと」に関して、五月調査の段階で多かった「課題の多さ」を挙げた者は、一年生、上級生とも約八割に達しました。全体に一年生の方が

「困ったこと」の選択率が高く、特に友達と一緒に学べないことの孤立感、教員への質問のしにくさについて上級生との差が顕著に見られたと報告書は述べています。

このように、ノートルダム女子大の調査は条件が異なる二つの時期に実施したことにより、いくつかの課題を浮かび上がらせるものとなっています。五月の時点から一年生と上級生の結果をわけて考察していることなど、他大学にとっても参考になる点が多いものでした。

くわえて、ノートルダム女子大の調査の実施主体が教務委員会だったことも重要だと思われます。教育課程の企画・実施に責任を持つ組織が目的を明確に持つ調査行ったことは、問題の把握と改善につなげやすいという点でも、大学評価のあり方の見直しにつながるという点でも重要な意味を持つのではないでしょうか。

学生の心身、生活への影響

大学施設の利用やキャンパスへの立ち入りができなくなり、オンライン授業が長期化する中で、学生の心身にも影響が出ていることが注目されるようになりました。

立命館大学新聞社が行った「コロナ禍における学生生活実態調査」（六月一五日～三〇

日実施、有効回答数一一一五件（学生数に占める割合三・四六%）。以下「立命館大学調査」）では、自粛期間の体調については「好転した」が一〇・七%、「悪化した」が二二・一%、「特に変化はない」が六七・三%という結果でした。また、「自粛期間に入って、気分が落ち込むことは増えましたか」という問いに対しては「とても増えた・やや増えた」が五二・一%、「あまり増えていない・全く増えていない」が四七・九%となっています。

　九州大学「九州大学の学生生活に関する学生アンケート（春学期）」（調査時期、方法、回答数　不明）でも同様の結果が出ています。「気分が落ち込んでいる」に「あてはまる・ややあてはまる」と答えた学生は全体の四割以上でした（学部生、院生とも大きな違いなし）。一方、「あてはまらない・あまりあてはまらない」もやはり約四割となっています。[5]

　六月に緊急事態宣言が解除されると、高校までの学校では対面授業が再開されました。さらに、イベントの規模の規制も緩和されました。ところが、多くの大学は依然としてオンライン授業、学生の課外活動やキャンパスへの立入り禁止を続けました。このことに対する批判は次第に強まっていくことになります。そのきっかけは、各地の大学で行われた調査の結果が新聞などで報道されたことでした。

　大学関係者に衝撃を与えたものに、「一割以上の学生に中程度にうつ症状が見られた」

とする秋田大学の調査があります（「全国緊急事態宣言による自粛が及ぼす大学生のこころとからだへの影響」二〇二〇年八月二八日）。調査は五月二〇日から六月一六日にかけて学生・院生を対象として行ったもので、うつ・精神疲労・不眠、生活全般、困っていることの三つの項目に関して問うものでした。有効回答数は二七一二件（回答率五三％）です。[6]

この調査は、①相談できる人の存在、②運動（体を動かすこと）が、大学生のメンタル（うつ症状・感情疲労・不眠症）を健全に維持させるために重要な因子であるとしています。その一方で、①現在の喫煙と飲酒の頻度、②SNSの音声・画像の利用がメンタル不全（うつ症状・感情疲労・不眠症）と関連があるとも述べています。研究の中心を担った野村恭子氏は、全国一律のオンライン授業の弊害は、特に秋田大学のように、学生の半数以上が他県出身の大学ではとりわけ大きかったとして、「今後も何とか工夫をして対面授業を続けてほしい」と語っています。

高知大学の調査（「コロナ禍における学生生活実態調査」八月二四日〜九月一八日、対象人数五四五九名、回答数二八七三名（五二・六三％））では、学生に「学生生活で不安なことや困ったこと」を尋ねています。その結果、上位三つは「課題に関すること」「単位取得に関すること」「授業形態に関すること」でした。いずれも授業に関することです。この調査では、一年生の自由記述回答に「友達」というキーワードが多数見られたことに関して、「オンライン授業のみでキャンパスに来られなかったことで、友人関係を構築できていないことがわかった。今後、新しく友人を作ることができるのか不安に感じている学生も多い」と述べています。また、「慣れない一人暮らしで不規則な生活になったり、食生活の乱れから体調不良を訴える記述もみられた」としています。[7]

maki さん @D6Hy1q0FQJuxtPO（2020 年 7 月 17 日 tweet）。

オンライン授業に対する評価

大学の調査の多くでは、オンライン授業に対する学生の評価（満足度、授業内容の理解度など）が行われています。また、対面授業とオンライン授業のどちらを希望するかも質問されてきました。

立命館大学調査では、「あなた自身が最も好ましいと考える授業形態はどちらですか」という問いに対する回答は、「対面授業」五四%、「Web授業」二二%、「選べない」二四%という結果になりました。「総合的に見て、現在のWeb授業に満足していますか」に対しては、「満足している・どちらかといえば満足している」四九・六%、「満足していない・どちらかといえば満足していない」五〇・一%と評価がわかれました。「秋学期もWeb授業が継続されるとなれば賛成ですか、反対ですか」に対しては、「賛成・どちらかといえば賛成」四〇・一%、「反対・どちらかといえば反対」五九・九%と「反対」がやや多くなっています。学年別では、「低回生ほど反対となる傾向が強い」という結果が出ています。

この調査では、「Web授業を受ける環境」の問題として、「レジュメなどの印刷に関する問題」四六・二%、「教員とのコミュニケーションに関する問題」四二・二%、「スケジュール管理に関する問題」三九・七％、「特に問題はない」二一・六％などの回答がありました。自由記述に関しては、「「課題が多すぎる」という回答が最も多く、評価方法の不明確さと単位取得に関する不安の声も多く見られた。学部の施設や機材が使用できないことや、長時間ディスプレイを見続けることへの問題を挙げた学生も多数存在した」とされています。一方で、「批判的な意見のみならず、Ｗｅｂ授業について「動画なので復習が容易になった」「時間の調整が容易になり、就職活動と授業の両立ができた」「通学時間と通学費が節約された」といった肯定的な声も寄せられた」と述べられています。

別の調査では、選択肢が対面か遠隔かの二択ではなく、両者の組合せも選択肢としたところ、「対面主体で遠隔も」と「遠隔主体で対面も」の合計が七〇・五％を占めました。一方で、従来どおりすべて対面で行う授業を希望する学生は一五・五％にとどまったという結果が出ています。[8] この設問は「アフターコロナ」、つまりＣＯＶＩＤ-19パンデミックが終息した後の大学の授業のあり方として質問したものです。したがって、回答からは、遠隔授業の意義が感染防止以外の観点から評価されているということができます。

他のアンケート調査でも、オンライン授業を今後も継続してほしいと回答する学生と、対面授業に戻してほしいという学生が拮抗しています。また、どちらともいえない学生も相当数います。このことは、同じ大学であっても学生の教育要求は多様であることを表しています。

オンライン授業がもたらしたもの

オンライン授業がもたらしたものの一つは、これまでとは異なるアンケート調査が多くの大学で行われたことです。

多くの大学は毎年のように授業に対するアンケート調査を行っています。その方法は、各授業の最終回に行うものが圧倒的に多く、一部に中間的なアンケートを行うなどの工夫をしている大学もあります。調査が頻繁に行われているにもかかわらず、授業の改善につながっているという実感が持てないことから、アンケートは意味がないと考えている学生は少なくないと思われます。大学側も、アンケートの結果を必ずしも改善のためのものとは位置づけてこなかったようです。

これに対して、二〇二〇年度に行われたアンケート調査はこれまでとは一味違ったものでした。すなわち、大学が行ったアンケートの多くは、授業の問題を明らかにし改善する目的を明確に持つものでした。ノートルダム女子大のように早い段階で、複数回の調査を行った大学は少ないと思われます。しかし、前期にアンケートを行い、その結果を後期の授業に反映させようとした大学は少なくありませんでした。アンケートの結果を公表した大学が多いことも特徴的です。これまで、授業に関するアンケートの結果は、良好な場合だけホームページや評価報告書などに引用される場合がほとんどでした。ところが、二〇二〇年度に行われたアンケートでは、学生の不満などネガティブな結果を含めて公表したものが珍しくありませんでした。アンケートの目的が、大学をよく見せるためのものではなく、問題点を明らかにすることだったとわかります。また、問題を学生や他の大学などの関係者とも共有しようとしたことがうかがえます。

このようなアンケート調査が行われたことは、大学評価の実践の一つにほかなりません。その成果を共通認識にし、生かしていくことが大切だと思われます。

ほぼ一斉に導入されたオンライン授業は、大学にオンライン授業の可能性を知らしめるとともに、限界や課題があることも明らかにしました。その一方で、オンライン授業の長期化は学生を苦しめることになりました。ただし、問題はすべてオンライン授業に起因するわけではなく、授業の構成や実施体制などの問題がオンライン授業を通して顕在化した場合もあるようです。したがって、対面授業を再開しさえすればよいのではなく、教育の内容や体制の問題をあらためて考える必要があります。

(3) 対面授業再開をめぐる対立

文部科学省の方針転換

緊急事態宣言が解除されると、大学の中にはそれまで禁止していたキャンパス・施設の立入りを許可したり、対面授業を再開するところが現れました。しかしながら、依然としてオンライン授業を継続する大学が多数でした。結局、一学期の間はオンライン授業のみで通す大学も相当数にのぼりました。

多くの大学の授業がただちに対面授業に戻らなかったのは、教室のキャパシティと受講者数の関係から、対面授業にした場合「密」を避けられないこと、依然として通学圏内に居住していない学生がいること、発表される感染者数が少なくなったとはいえ、依然として警戒が必要であり、学生の間にもオンライン授業の継続を望む声が少なくないことによるものです。

ところが、文科省は緊急事態宣言明け以降、大学教育に関しては、対面授業再開を推奨する方向へと舵を切りました。七月二七日、文科省高等教育局大学振興課が発した事務連絡「本年度後期や次年度の各授業科目の実施方法に係る留意点について」では、オンライン授業が大学らしい教育・学習の阻害、学生の過度の負担等に帰結していることに対して、大学設置基準二五条一項が、主に教室等において対面で授業を行うことを想定していることを根拠に、後期の授業に関して面接授業との併用の検討、学生に対する丁寧な説明、学生の希望等を踏まえること等を求めています。また、九月一五日の高等教育局長「大学等における本年度後期等の授業の実施と新型コロナウイルス感染症の感染防止対策について（周知）」は、「感染対策を講じた上での面接授業の実施が適切と判断されるものについては、面接授業の実施を検討すること」を強く推奨し、クラスを二教室にわけ入替え、対面とオンラインにわけ入替え、一年生には優先的に対面授業を行うことなどを「学生が納得できる学修機会を確保するための取組」として示しています。

九月、文科省は各大学に対して後期の授業の実施方針などに関するアンケート調査を行い、その結果を発表しました。それによると、関東では「三割対面」「ほぼ遠隔」が計六割以上、近畿は三五％、他地域はそれ以下となっています（「大学等における後期等の授業の実施方針等に関する調査結果（地域別）」）。一〇月一六日、萩生田文科大臣、閣議後記者会見で、後期授業の対面の割合が三割以下と回答した国公私立大など三七六校を対象に、改めて対面とオンライン授業の比率などを再調査すると発言しました。

ロビーなど共用スペースの利用制限が続いている（慶應義塾大学三田キャンパス、2021 年 4 月、著者撮影）。

対面授業再開運動

文科省がこのようにオンライン授業の比率が少ない大学に対して、一種の制裁ともとれる動きに出た背景には、学生の状況に関する調査から、全面的なオンライン授業の継続がもたらす弊害が認識されたこと、さらに、学生および父母らの間で、大学の対面授業の再開を求める運動が行われたためです。

精力的に活動しているグループの一つに、「大学生対面授業再開プロジェクト」があります。[9] このグループは、二〇二〇年八月に活動を開始しました。メンバーは、首都圏・関西圏の学生ら七名です。グループの活動は、対面授業の再開を行っている大学やそうした動きを支持する世論・政治家の発言などに関する情報共有、大学を対象とした各種アンケート、SNSを通じたアピール、オンライン署名活動、他のグループ・個人らとの運動の交流（ここには対面授業の再開以外の要求運動も含まれています）などです。

このグループはこれまで、「大学生の現状についてのアンケート」（〜二〇二〇年九月一八日）、「大学生の現状について調査のアンケート」（二〇二〇年一〇月四日〜一〇月一一日。以下「一〇月調査」）、「令和二年度における大学への満足度調査のアンケート」（二〇二〇年一二月二七日〜二〇二一年一月一〇日、有効回答数：二一四件。以下「満足度調査」）の三回のアンケート調査を行っています。それぞれのアンケート調査の回答者数は多いものではありません。また、回答者が学生であるかなど、信憑性も確保されているとはいえません。こうした難点があるものの、「大学生対面授業再開プロジェクト」によるアンケート調査は、文科省が各大学を対象に行っているアンケート調査からは見えてこない、各大学の状況に関する問題を提起している点で注目されます。一〇月調査では、学生に、自身の大学・学部の「後期の対面授業の割合」「授業がない時でも、自由に大学に入ることができるか」をたずねています。この調査の回答からは、対面授業の割合が、文科省が公表した大学の数字と異なる例が散見されます。このことは、大学全体の「対面授業の割合」と、学生個人にとっての「対面授業の割合」は同じではないことを示しています。

調査の「休学や退学を検討する学生の理由」（自由記述）には、授業料と講義の質が見合っていないこと、精神的な負担が多いこと、来年度のオンライン授業の継続を見越していることなどが挙げられています。「大学に改善してほしいことや望むこと（講義以外）」（自由記述）には、大学に対して改善してほしいことや望むこととして、留学や学事日程についての情報開示を早急に行うこと、部活やサークルといった課外活動を再開させること、学費の返還や免除、施設のみを利用可能にするのではなく授業自体を再開させること、感染対策をきちんと行うこと、感染拡大の防止対策からオンライン授業を継続すること、そして、学生の要求に真摯に対応することなどが挙げられました。「講義や教員に対して望むこと」（自由記述）には、提出された課題に対しフィードバックを提出すること、資料配布のみ（音声・動画なし）の授業ではなく、リアルタイムの授業をすること、課題の量を少なくすることなどが挙げられています。

これらアンケートの自由記述に書かれた内容は、各大学が行った調査においても見られたものです。こうした声があることを把握していても、対応できていない（していない）大学が少なくないことを表しています。対面授業の再開を求める運動は、個別大学でも行われました。[10] また、学生個人が横断的なアンケート調査を行った例もあります。[11]

対面授業をめぐる対立が示すもの

対面授業再開運動に対しては批判もありました。学生数が多いことや教室のスペース・空調設備等が限られているなどの理由でオンライン授業をせざるを得ない大学があることを理解していない、あるいは、大学・教職員の努力を理解せず一方的に批判しているように見える者もいる、というものです。[12] このほか、批判の仕方が無礼であるとか、父母や政治家の力を借りて圧力をかけてくるやり方はけしからんと考えている教職員もいるのではないでしょうか。ＳＮＳでは、対面授業の再開を求める学生（らしきアカウント）と、運動を批判する教員（らしきアカウント）の間で挑発的なやりとりが見られることも珍しくありません。

対面授業再開運動は、本来ならキャンパスにおいて行われるべきものですが、大学が学生の立入りをシャットアウトしているため、オンラインを主力とせざるを得ないのが実情です。顔の見えない同士であることが対立を高じさせている面もあるようです[13]。

互いの顔が見えない関係であることが対立を高じさせているのであれば、基本的な解決策は顔を見える関係をつくることになるはずです。顔を合わせて（といってもオンラインになるかも知れませんが）話し合いをすれば、納得や解決のための協力に向かうこともできるはずです。しかし、いくら話し合いをしたとしても、「頭ごなし」「結論ありき」では形だけに終わります。相手に納得してもらうためには、主張の正当性を外的な権威を借りることなく説明すること、異なる立場にも配慮できることなどが必要になります。このような対話は大学に必要なものであるはずです。

学生の信頼を得た大学

北星学園大学（以下、北星大）は、一九六二年開学（一九五一年、北星学園女子短期大学）、三学部（文・経済・社会福祉）・三研究科（文学・経済学・社会福祉学）、短期大学部（英文・生活創造）。学生数四四〇〇人余りの中規模私立大学です。

二〇二〇年三月、北星大は、前期はオンライン授業の実施が不可避と判断し、教員の授業実施に対するサポート体制をつくるとともに、学生の状況把握と説明に力を尽くしました。四月には、キャンパスに多くの学生が滞留しないように、学科、学年を分けて数日間にわたって新年度のガイダンスを実施します。大学からの各種の情報の周知徹底のために、メーリングリスト、大学ＨＰを活用し、特に一年生には、学科の教員、担任が電話をして連絡先を確認し、受信できるメールアドレスを必ず確認することから始めたといいます。

北星大の対策は、学長、部局長を中心とする既存の全学危機管理委員会が担うことを確認し、ここに、遠隔授業、医療・衛生に関連する教員を「ＣＯＶＩＤ-19チーム」として加えました。委員会、管理職、事務職員がそれぞれの役割を果たしながら協力し、事態に対処したことが、個別のとりくみを説得力あるものにしたといえそうです。

北星大でも、学生の不満はありました。オンライン授業になったことにより、学費の減額を求める学生の声が上がりました。多くの大学で起きたように、サーバーがダウンするという事態にも学生の不満が高まったようです。しかしながら、Ｔｗｉｔｔｅｒのハッシュタグ＃みんなの北星　に寄せられた「資料を前日までに上げてほしい」「サーバーを強化してほしい」といった学生の要望に対して大学が対応していった結果、前期終了時には「授業の質が下がっていた」という学生はほとんどいなくなったといいます（えすこ@escopandaHGUさんのTweetより）。このことは、匿名のSNSのやりとりであることが対立の決定的な要因ではないことを示しています。

課外活動の再開に至るプロセスも特筆されます。北星大では、八月下旬からサークル活動の形態等の検討を綿密に行い、学生部が「課外活動再開ロードマップ」を作成しました。このとき、部活のリーダーからヒアリングを行い、ロードマップの説明会を開催、九月には、加入希望学生への説明会を対面で実施するなどのとりくみを行っています。感染が拡大し、北海道の「警戒ステージ」が引き上げられたことにより、一一月以降はふたたび対面での課外活動を禁止せざるを得なくなりました。とはいえ、一連のとりくみは、学生の大学の方針に対する理解、教職員に対する信頼を高めることに寄与したようです[14]。

対立を超える論理

授業の方式をめぐる難しい問題は、対面授業の再開を求める学生がいる一方で、オンライン授業に満足している学生も一定数いることだと思われます。先に見たように、各種のアンケート調査の結果でも、ほとんどの学生が対面授業を希望したり、逆にほとんどの学生がオンライン授業を希望する例はありませんでした。さらに、対面支持かオンライン支持かの理由もさまざまです。

したがって、大学側が説明を尽くしても学生の不満が完全になくなることはないでしょう。大学は学生を説き伏せようとするのではなく、学生の要求を実現するためにはどうすればよいかを学生とともに考えていく必要があります。一方、学生にも、自分は満足していても、環境や要求が異なる他の者がそうとは限らないことを理解し、学生全体の要求を実現するためにはどうすべきか考える姿勢が求められています。

ポイントの一つは、感染症対策を理由とするものと、それ以外のもの、すなわち教育の形態としてオンライン授業を支持／不支持するものを区別して考えることです。学生が対面授業とオンライン授業のどちらを希望するかは、地域の感染状況に左右されます。地域に感染者が少ない場合でも、大学は、本人や家族が基礎疾患を持つ学生の感染リスクに最大限配慮する責任があります。学生の感染症対策を取り感染拡大を防止することは、大学の社会的責任でもあります。したがって、ＣＯＶＩＤ-19が収束していない中では、対面授業に賛成する者が多いからといって、学生に対面授業を強制することはあってはなりません。同じことは教員に対してもいえます。

COVID-19パンデミックにおいては、授業の方式を決めるためには、背後にある問題について考えなければなりません。同じことは、これまでもさまざまなかたちで問われていたはずですが、必ずしも認識されていなかったようです。

---

1 「(ひらく日本の大学) オンライン講義、課題と手応え」『朝日新聞』二〇二〇年八月二四日。

2 築地達郎「Faculty のレジリエンスを実現する「オンライン化相談室」の実践」、国立情報学研究所 四月からの大学遠隔授業に関する取組状況共有サイバーシンポジウム、二〇二〇年一〇月二三日。

3 「授業目的公衆送信補償金制度の早期施行について」文化庁ホームページ (https://www.bunka.go.jp/seisaku/chosakuken/92169601.html)。

4 京都ノートルダム女子大学「オンライン授業に関する学生アンケート」を実施しました (https://www.notredame.ac.jp/news/news/2159/)。

5 九州大学「九州大学の学生生活に関する学生アンケート（春学期）結果について」二〇二〇年八月一一日。

6 秋田大学「学生のこころとからだの調査 COVID19 による社会生活の急激な変化が与える大

学生のメンタルヘルスへの影響」(https://www.akita-u.ac.jp/honbu/event/img/2020_mhealth02.pdf)。

7 高知大学学生支援委員会「コロナ禍における学生生活実態調査報告書」二〇二〇年八月。

8 「コロナ下での県内大学生の実態調査：対面×オンラインによるハイブリッド型の可能性」いよぎん地域経済研究センター『IRC monthly : Iyogin Regional Economy Research Center monthly report：調査月報』三八七号、二〇二〇年九月、一四頁。

9 「大学生対面授業再開プロジェクト」(https://sea.sunnyday.jp/)。

10 「東京理科大学オンライン授業アンケート」二〇二〇年八月 (ttps://twitter.com/online_tus)。

11 「二〇二〇年四月～八月に大学で実施されたオンライン授業に関するアンケート」(二〇二〇年八月)、岡山大学・末永光さんによる県内一七大学に対する調査 (『毎日新聞』地方版／岡山二〇二〇年五月三〇日)。

12 「文科省、対面授業が半数未満の大学名を一方的に公表…大学から「不快」「根拠不明」と批判」『Business Journal』二〇二〇年一〇月一九日。

13 「大学生対面授業再開プロジェクト」のアンケートに対して、「匿名のアンケートだからオンライン授業を希望するという意見を学生を装って回答して妨害しよう」と煽動した教員(らしきアカウント)もあったようです。これに対して、プロジェクトは、「どちらの意見が正しい、ということではなく、事実や学生保護者がどう受け止めているかを伝えたかった」と述べ、虚偽の可能性がある回答も削除することなく、すべての意見を公開することにしたと対応の経緯を説明しています。プロジェクトのメンバーは実名で活動していませんが、大学や教員に対する配慮をしています。プロジェクトを指してではありませんが、小林哲夫は、こうした配慮ができることを現代の学生の運動の特徴だと述べています。小林哲夫『平成・令和 学生たちの社会運動』光文社、二〇二一年。

14

北星大のとりくみについては、大坊郁夫「本学における新型コロナ感染対策の試み」(『北海道高等教育研究所ニューズレター」第一六号)二〇二一年一月、金子大輔「北星学園大学における非対面授業の実施とその支援」(国立情報学研究所 前掲シンポジウム)二〇二〇年八月二一日、金子大輔・永井暁行「北星学園大学における非対面授業に対する支援態勢の構築と学生の意識変化」(『教育システム情報学会誌』Vol.37 No.4)二〇二〇年。

第三章　深刻化する教育費負担

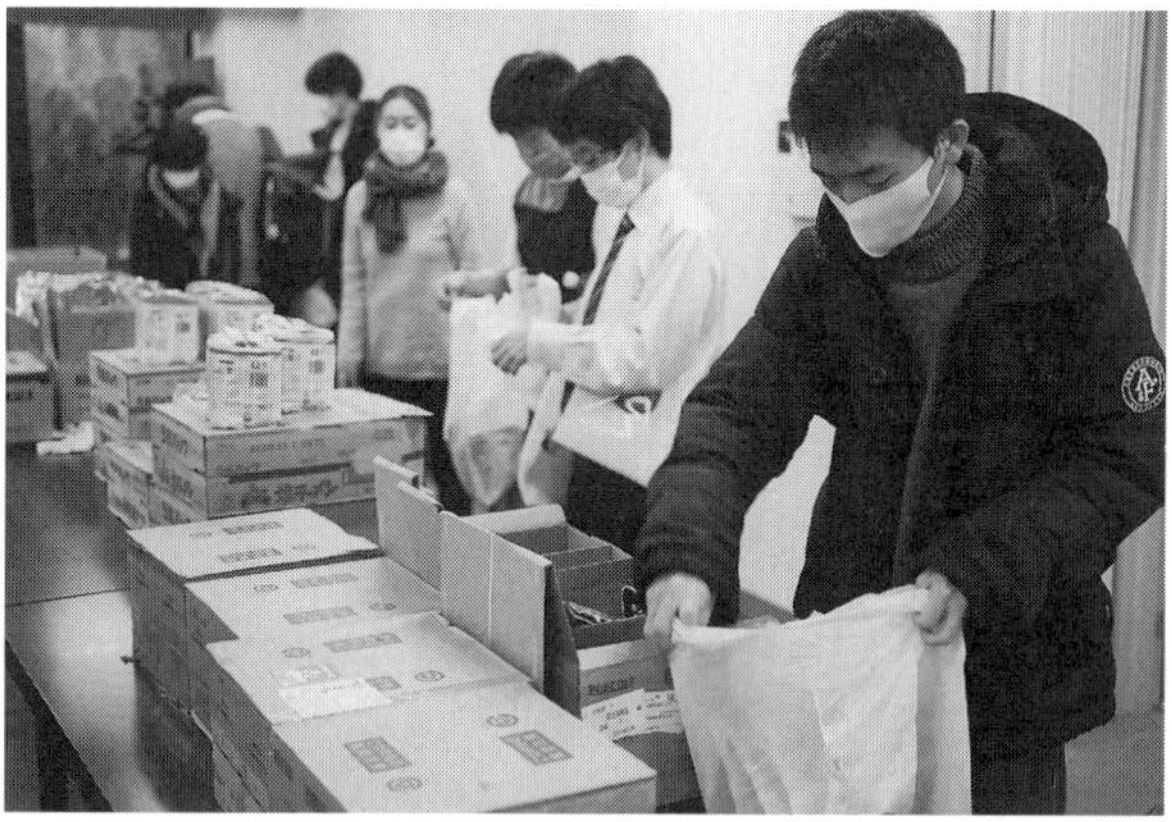

連携協定を結んでいる自治体からの支援物資（西興部村からレトルトカレー300食など）によるフードバンク（北大教育学部・教育学院、2021年12月・1月実施）。

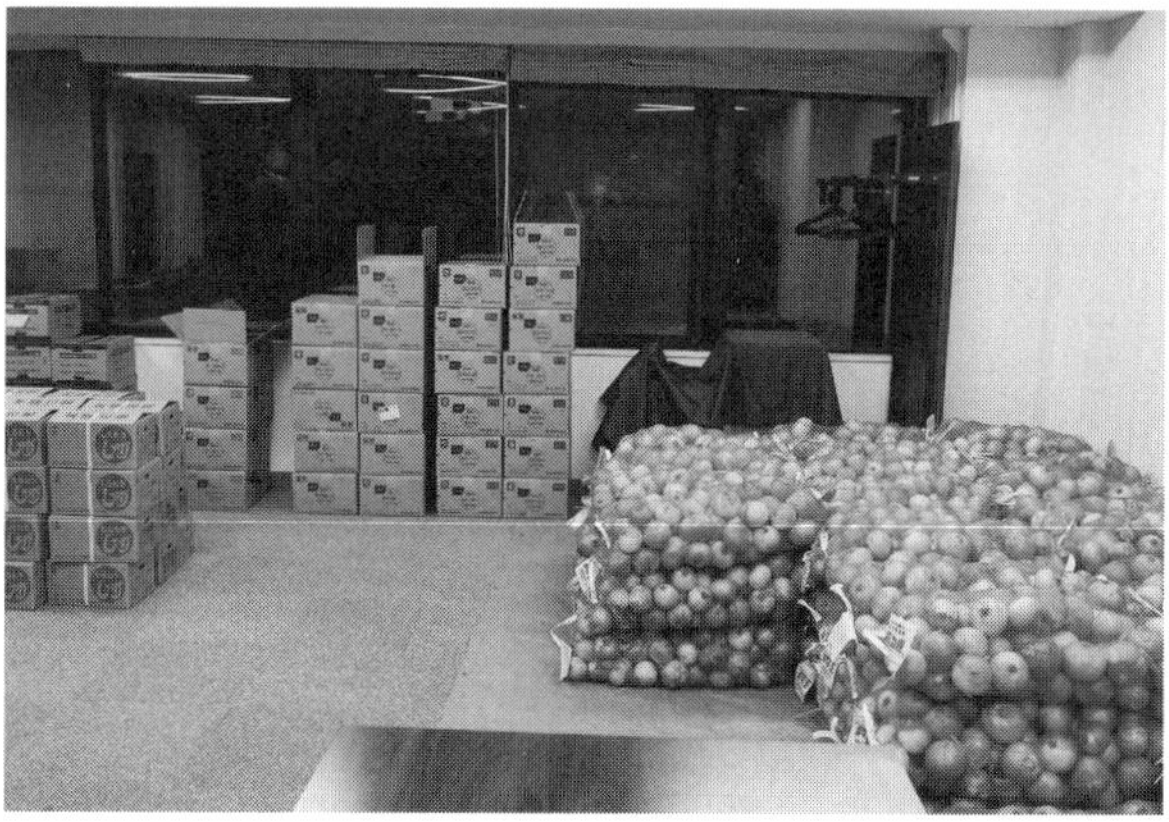

連携協定を結んでいる湧別町から北大教育学部・教育学院に届けられた支援物資（タマネギ1200kg、ジャガイモ225kgなど）。

（1） 学生の困窮

学生団体の調査・緊急提言

COVID-19パンデミックにより社会的な関心を集めた問題の一つに、学生の経済的困窮があります。このことは以前から日本の高等教育の大きな問題でしたが、教育費や生活費を負担していた父母らが失業したり、収入減少に直面したことやアルバイトの機会が減少したことによりさらに深刻化しました。そして、問題を告発し事態打開へ向けてとりくむ学生の動きが全国に広がったことにより注目を集めることになったのです。

コロナ危機が拡大するにつれて、学生がアルバイト拒否されるケースがあることが報道されるようになっていました。[1] しかし、二〇二〇年四月中旬までの間、マスコミの関心の中心は感染拡大との関連でした。ここに一石を投じたのは学生団体でした。「学生アドボカシー・グループ　高等教育無償化プロジェクトＦＲＥＥ」（通称：ＦＲＥＥ）は、四月二二日、国の責任で学生の授業料半額免除を行うこと等を求める緊急提言を行います。[2]

ＦＲＥＥの緊急提言の内容は、次のようなものでした（光本の整理。緊急提言本文では、（2）と（3）はまとめており、全9項目）。（1）国の責任による学生の授業料一律学費半額化、（2）学生アルバイトに対する休業補償、（3）一〇万円の給付金の支給対象を留学生・外国籍の学生へ拡大、（4）授業のオンライン化に伴う費用の補償、（5）留学に関する追加費用の補償、（6）企業が内定取り消しや採用規模縮小を行わないよう対策、（7）各大学・専門学校における学生の相談窓口体制の確立、（8）学生の課外活動「自粛」に伴い生じた費用の補償、（9）奨学金返済中の者に対する返済猶予・利子停止、（10）学生参加による高等教育のあり方の検討。

ＦＲＥＥの活動の中でマスコミが特に関心を示したのは、学生の経済的な問題でした。同団体が行ったアンケート調査の結果（調査期間：二〇二〇年四月九日二一時〜四月二七日二〇時。回答：三一九校一二〇〇名〈国立大学六〇校四一二名、公立大学一九校三三名、私立大学二〇二校七一六名、短期大学三校三名、専門学校三二校三二名、その他高等教育機関三校四名。最終集計〉）は、「家族の収入が減った」「なくなった」学生が五割超、「アルバイトの収入が減った」「なくなった」学生が約七割など、ＣＯＶＩＤ-19パンデミックが学生と家族に大きな打撃を与えていることを示しました。そして、学生の七・八%、「一三人に一人」が「退学を検討している」（中間集計）と回答していました。これらの数字を新聞が取り上げると、学生の経済的困窮は社会問題として認識されるようになりました。

各種調査が示す学生の困窮

学生が経済的に困窮した直接の原因は、人びとが感染を警戒して外出を控えるようになったり、「緊急事態宣言」の下で「自粛」要請が行われた結果、学生アルバイトの求人が激減したこと、および親（保護者）世帯の家計が悪化し、仕送りが困難になったことです。

これらのことは、各種のアンケート調査の結果にも表れています。二〇二〇年四月に行われた全国の大学生を対象としたアンケート調査によれば、感染拡大後の「アルバイト収入」は、「大きく減少」二二・九％を含めて全体（有効回答数一四〇六）の五八・八％が「減少した」と回答しました。また、四月以降のアルバイト収入は「大きく減少」三五・〇％を含めて全体の七四・八％が「減少の可能性がある」と回答しています。[3]

全国の専門学校・各種学校の学生を対象とした調査でも、コロナの影響で「アルバイトをしていたがなくなった」「アルバイトをしたいが見つからない」との回答が七割を超えました。この調査では、「自宅通学」の学生に比べて「自宅以外」の学生の支出は「生活費」の割合が高いことに注目し、「自宅外の学生はアルバイト収入が生活を支えているため、現在収入手段が絶たれている学生の状況は深刻です」と結んでいます。[4]

京都を中心とする関西地域において学生団体がおこなった調査（大学生・専門学校生）では、アルバイト収入に関して「減った」三七・六％、「ゼロになった」三一・九％との回答が得られました。この調査でも、「アルバイト収入減や保護者の収入減などで大学等をやめること」を考える学生は、「少し考える」一六・六％、「やめないが休学を検討している」三・七％などとなっています（FREE京都四月二一日〜五月三一日調査。有効回答数五九〇）。

静岡文化芸術大学の調査では、アルバイト収入の変化は、全体で「大きく減少」が二七・五％、「少し減少」が二七・三％となりました。ここでも、一人暮らしの学生は、「大きく減少」と「少し減少」を合わせると六六・五％で、より大きな影響が見られたことがわかります。[5]

愛媛県では、愛媛大学の法文学部の学生のサークル「学術文化会議」が県内の大学生を対象にしたインターネット調査をおこないました。ここでも、アルバイトの収入が「減った」「ゼロになった」という回答は六割以上となり、経済面の深刻な影響が明らかになりました。「学術文化会議」は「学業継続が危ぶまれる事態」とし、県や大学に支援の要望書を提出しました。このことは全国紙の地方版が報道しています。[6]

筆者の職場でも、学生の経済的な問題を把握する必要があることが認識され、二〇二〇年五月アンケートを行っています。その結果、新型コロナウイルスの影響で「収入がなくなった」と答えた者三二・五%、「収入が減少した」三三・六%、「特に影響はない」二〇・八%などの結果となりました。[7]

ＣＯＶＩＤ-19パンデミックが学生の退学・休学の動向に及ぼした影響は、文科省の調査結果が公表されるとふたたび話題になりました。実際には、二〇二一年一月現在まで、多くの学生が退学することにはなりませんでした。これは「一三人に一人」という数字が実態と乖離していたわけではなく、次に見るように、多くの大学が学生の経済問題に対応した結果だと見ることもできるのではないでしょうか。

（2）学費減額要求と政府・大学の対応

政府の対応

学生の経済問題に関する文部科学省の認識は早いものでした。文科省は、三月二六日に大学などに対して授業料等の減免、納付時期の猶予等の取り扱い等、家計が急変した学生等への支援の検討を要請しています（文部科学省「新型コロナウイルス感染症に係る影響を受けて家計が急変した学生等への支援等について（周知）」二〇二〇年三月二六日）。一方、大学はこの時期春休み期間中であり、学生の経済状況をつかむことは困難でした。それでも新年度早々の四月九日、福岡教育大学が前期授業料の引き落とし日を六月一二日に遅らせることを決定しています（「授業料の納入について」二〇二〇年四月九日）。

政府は四月三〇日に成立した二〇二〇年度第一次補正予算において、「家計が急変した家庭の学生に対する支援」を計上しました。しかしながら、その予算規模は七億円（国立大学四億円、私立大学三億円）とあまりにも小さいものでした。本格的な経済支援は、六月一二日に成立した第二次補正予算における、「困窮学生等に対する支援」によりはじまります。この予算は各大学等が行う独自の授業料等の軽減措置を実施するための経費を支援するもので、国立大学四五億円、私立大学九四億円、計一三五億円が計上されました。政府はさらに、第一次補正の予備費から「学生支援緊急給付金」五三〇億円を支出します。これは、住民税非課税世帯の学生に二〇万円、それ以外の学生に一〇万円を支給するというものです。

これらの予算は、経済的に困窮する学生に対する支援という点で意義があるものでし

表３　学生支援緊急給付金の申請要件

①家庭から多額の仕送りを受けていない、②原則として自宅外で生活、③生活費・学費に占めるアルバイト収入の占める割合が高い、④収入減少等により家庭からの追加的支援が期待できない、⑤アルバイト収入（雇用調整助成金による休業補償を含む）が大幅に減少（前月比50％以上減少）、⑥「就学支援新制度」「第一種奨学金」等の受給者・利用者（予定者）（⑥は留学生除外）、⑦学業成績優秀者・出席率８割／月など（⑦は留学生のみ）。

学生支援緊急給付金要項をもとに、光本が作成。

た。しかしながら、それぞれに問題点も指摘されています。

「困窮学生等に対する支援」は、国立大学と私立大学の間で扱いが異なることです。国立大学では、各大学がこの予算のみで授業料等の軽減措置を行うことができたのに対して、私立大学では、大学が独自に授業料減免等を行う場合に、その事業費の三分の二以内を補助するものとされました。残り三分の一は大学の負担となります。このため、財政基盤が脆弱な私立大学は予算を活用できない場合も考えられました（この問題は「家計が急変した家庭の学生に対する支援」〈補助率二分の一〉にも共通しています）。

「学生支援緊急給付金」は申請要件が厳しく、かつ提出書類が多いことです（表３）。このため、対象者であっても申請を断念する学生が少なからずいたようです。学生団体「一律学費半額を求めるアクション」のアンケート調査に対して、「七割の学生が給付金を申し込み、一七％は受給要件が厳しいことや申請期間が短いために申し込めなかった。申し込んだ学生のうち、受給できたと答えたのは四割。二五％が一次募集では受給できないが、二次募集で受給の可能性がある保留、二九％が選考外で受給できなかった」と回答しました。[8] 日本人学生と留学生とで基準が異なること、対象を学校教育法一条が定める学校（いわゆる一条校）の学生に限定していないにもかかわらず、朝鮮学校を除外していることは、差別的であるとして批判を浴びることになりました。[9] 制度の複雑さは、奨学金等の業務に詳しい職員ですら手続きを誤るものでした。[10]

各大学の対応

四月後半になると、各大学に授業料支払いの時期を遅らせる動きが広がっていきます。また、給付金の支給をはじめとする独自の対策にとりくむ大学もあらわれました。当初はオンライン授業にかかる支出の補助を目的とするものが多く、四月末頃から学生の経済的困窮を救済することを目的とする給付金等が増加していきます。両者は実質的には同じ役割を果たす場合もありますが、大学側の認識が学生の経済状況全般を視野に入れたものに変化していったことは間違いありません。

学生に対する経済支援の内容は大学により異なります。二〇二〇年四月にＦＲＥＥが行った調査では、私立大学（二〇校）・国立大学（六校）とも学生に対する支援額の平均は五万円超でした。[11] 私立大学の教職員組合の全国組織である日本私大教連（日本私立大学教職員組合連合）がおこなった調査（一〇二大学、二〇二〇年五月一〇日現在）でも、全学生を対象とした支給額は五万円の大学が多く、最も高い例は一〇万円（三大学）でした。「臨時奨学金」「特別給付金」「支援金」など名称はさまざまですが、大多数の大学が、支給の目的を「遠隔授業環境整備」「学修環境整備」としています。一方、少数ながらも「経済支援」「修学支援」「生活費支援」などとした大学もあります。[12] 国立大学でも、学生に対する支給額で最も多かったのは五万円でした。全員に対してではありませんが、一五万円～一〇万円の給付をおこなった大学もいくつかあります。[13]

問われる「授業料」

興味深いのは、学生に対する給付金の支給方法です。先の私大教連の調査では、一部の大学が授業料を減額することにより対応しています（芝浦工業大学、武蔵野大学、京都外国語大学）。また、施設整備費の一部を返還するとした大学もあります（東北芸術工科大学、京都芸術大学）。これらの大学が学生納付金の減額という方法をとったのは、単にそれが給付の方法として簡単だったからかも知れません。しかし、二〇二〇年度は授業料等の一部を返金すべき状況だったといっても過言ではないでしょう。学生への支給額を授業料額と連動させた大学もあります。授業料の返金を明確にうたった大学もあります。釧路公立大学は、「修学支援金」の名目で学生全員に二万円～六万五〇〇〇円を支給しました。そのうちわけは「修学支援金二万円給付、および授業料一カ月相当分を還付」とされています。金額に幅があるのは、授業料の全額免除、半額免除を受けている学生がいるためです。

しかしながら、大多数の大学は、学生に対して給付金を支給する場合も、学生の授業料返還・減額要求とは切り離して対応しようとしています。日本私立大学連盟も、二〇二〇年九月に次のような見解を発表しました。

「授業料」については、オンライン授業や対面授業などの一授業科目の履修を単位として積み上げているものではなく、学位授与を見据え、その準備を含めた総合的な教育環境を提供するための経費である。また「施設設備費」は、単なる利用料としての経費ではなく将来の設備充実のための投資資金と位置づけられ、私立大学の教育研究環境の充実に向けて、キャンパスや設備の維持、管理等に当てられており、授業料等と同様に減額・返還の対象となるものではない。[14]

学生納付金が「総合的な教育環境を提供するための経費」であることは事実であるとしても、そのすべてが「減額・返還の対象となるものではない」というのは説得力を欠きます。二〇一六年一一月二七日、最高裁は、入学金については、「入学し得る地位を取得するための対価」としてその地位を得た以上、入学辞退したとしても大学側は返還する義務はないと判決しました。これに対応して、文科省は、授業料や施設設備費までも入学辞退者から徴収することは容易に理解が得られないとして、年度末までに入学辞退の意思表示をした者に対して大学は原則として返還に応じるべきとしました（平成一八年文科省通知）。入学後に大学の施設設備を利用することができなくなった学生の施設設備費の扱いをどのように考えるかは法律上グレーゾーンだといえます。

この問題に関して、西井泰彦（私学高等教育研究所）は、「直接的な授業や施設利用が出来ない状況では、これらに関わる学生納付金の返還を求めたい気持ちも理解できなくはない」と述べ、大学は授業料・入学金の減免措置や返還不要の奨学金、学生支援緊急給付金の一層の拡充を国に要望するとともに、大学としても経済支援その他の支援策を工夫して実施することが必要だと指摘しています。[15]

経済支援に関する大学間格差

文科省が九月から一〇月にかけて全国の大学・高等専門学校に対しておこなった調査では、多くの大学等が独自の授業料減免や給付金などを行ったことが明らかになっています。経済的に困難な学生を支援するため、授業料等減免または大学独自の支援を行っている大学等は全体の九二・七%に上ります。大学独自の支援措置の内容としては、給付措置（六〇・四%）、貸与措置（三二・六%）、物品支援（四四・二%）とさまざまです。授業料の支払い期限の延期はほとんどの大学等がおこなっており、その率は前期授業料九九・一%、後期授業料九七・五%でした。[16]

ところで、文科省はこれまで、個別大学の経済支援の内容や金額を明らかにしていません。大学のとりくみの優劣と見なされる可能性があるため慎重にしているようにも見えますが、教育方法に関しては、対面授業の比率が低い大学名を公表するという懲罰的な対応を取っていることと対照的です。文科省は、高等教育を受ける権利を保障することが政府の責任であるという立場に立ち、大学のとりくみに対して政府の予算措置がどの程度寄与したのかなど、さらに明らかにすることが望まれます。

これらのことに関して、私立大学協会の附置機関である私学高等教育研究所が行ったアンケート調査は興味深い結果を示しています。各大学の学生に対する支援の状況をたずねたところ、学費の納付期限延長・分納はほとんどの大学が実施しているものの、他のとりくみは「実施していない」大学の割合が高くなりました。また、大規模大学は多くのとりくみを行っているのに対して、小規模の大学はとりくみの種類が少なくなっています（図4）。大学の経営体力が学生への経済支援の内容・規模に影響していることがうかがえます。[17]

（3） 学費減額運動が示すもの

学費減額運動のインパクト

大学が学生に対する経済支援に本腰を入れるようになったのは、学生の困窮が深刻であることはもちろんですが、その状況を学生自身が訴えたためでした。関西学院大学の冨田宏治氏（副学長・学生活動支援機構長）は、学生団体ＦＲＥＥの調査結果（「高等教育無償化プロジェクトＦＲＥＥ」アンケート調査、共同通信四月二二日付）に接し、衝撃を受けたと述べて

図4　各大学の学生への支援の取り組み状況

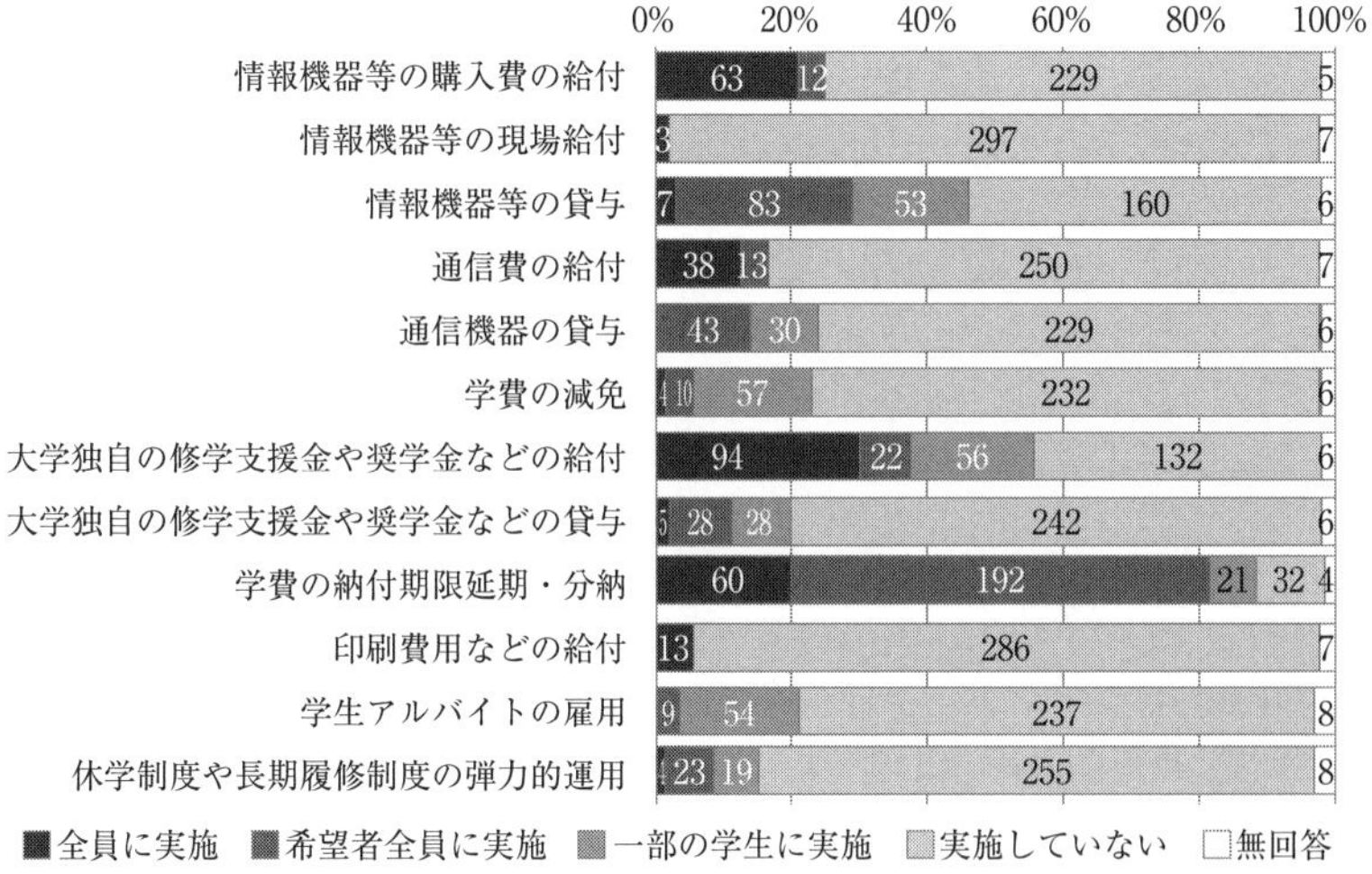

出典：『コロナ禍の私立大学』私学高等教育研究所 2020 年 11 月、22 頁。

います。[18]

　そして何よりも大きなインパクトを与えたのは、全国の大学で、授業料など学費の返還や減額を求める運動がはじまったことでしょう。その動きは、四月五日の青山学院大学にはじまり、立命館大学（四月一一日）、早稲田大学（四月一四日）、秋田公立大学（四月一四日）、大東文化大学（四月一四日）と続きます。そして、五月五日までに全国二〇七大学に広がりました。[19]

　学費減額・返還等を求める運動が行われていない場合でも、学生から授業料等に関する相談が多かった大学においては、学生に対する経済支援の項目が充実している傾向が見られるといいます。[20]

学費減額運動の特徴

二〇二〇年の学費減額・返還運動は、広がりの大きさもさることながら、注目すべきいくつかの特徴がありました。第一に、統一的な要求を掲げる全国的な運動が展開されたことです。第二に、統一的な要求は、各大学の運動が刺激し合う中で練り上げられ、つくられたことです。第三は、これらの動きの中に大学がめざすべき方向を考える際の重要な視点が含まれていることです。

大学ごとの運動は散発的にはじまりました。キャンパス、学部単位でとりくまれたものもあります。また、専門学校や大学校といった、大学以外の高等教育機関でも運動が見られました。そうした事情や大学の状況が異なることを反映して、運動が掲げる要求の内容はさまざまです。

ほとんどの大学の運動の要求に共通するのは、授業料など学生が大学に支払う（支払った）教育費の減額、または一部返還を求めるというものです。その理由として、大学の施設・設備を利用できないこと、オンライン授業は対面授業と同じ質を保証できないことを挙げています。そのほか、学生が通信費や機材の購入のために追加支出を強いられていること、アルバイト収入が減少していることなども理由とされています。中には、大学ではテレワークの実施などにより経費が削減されている可能性があることを指摘するものもあります。そして、多くのケースが、授業料などの使途について説明することを求めるものとなっています。

これら各大学の運動を糾合するかたちで、統一的な要求を掲げた全国的運動がとりくまれることになります。前述の学生団体ＦＲＥＥによれば、その経緯は次のようなものでした。

四月半ば頃、大学の学費振り込み用紙が手元に届くようになる。額が例年通りであること、授業は開始されないこと、オンライン化などで再現されない授業が多いなどを鑑み、違和感を覚えた学生が各大学宛てに学費減額署名を個々に開始する。様々な大学が独自に学費減額署名を行っていたので、その署名発起人同士がつながり、学費減額署名が広がるにつれ、自然と拡大していった。[21]

それまで接点がなかった学生が、同じ活動にとりくみ、連携するようになった背景には、インターネットの署名サイト（Change.org）およびＳＮＳ（Twitter）が大きな役割を果たしたようです。各大学で学費減額署名運動をはじめた学生たち（発起人）は、ＬＩＮＥグループをつくり、署名活動のノウハウを共有していきました。そのつながりは、四月一六日ＬＩＮＥグループ開始時六人から、四月二九日一二六人六六大学と、短期間で大きく拡大しています。

全国的な運動は、①オンライン署名、②提言・政府に対する要求、③記者会見など①・②に関する情報発信、の順でとりくまれました。

①のオンライン署名は、大学等で署名をはじめた全四一校の発起人の連名による「一律学費半額を求めるアクション」の名で行われました。[22]要求事項は次の二つです。

1．国の予算で一律の学費半額化を求めます
2．大学などへの予算措置を求めます

署名は二〇二〇年四月二四日〇時から四月二九日一八時の間行われ、署名数は一万六六三筆でした。

②は、緊急提言（四月二二日）、内閣総理大臣・文部科学大臣に対する要請書（四月三〇日）および文科省に対する趣旨説明（四月三〇日）が行われています。また、五月一日には二人の代表者が日本記者クラブにおいて会見を行っています。

要求運動の展開

各大学の署名の「呼びかけ」の中には、学内外からの指摘により、いったん掲げた文言が適切であったかを見直したり、説明を加えたりしているものがあります。中には大学から説明を受けたり、大学との交渉を経て、文言の修正を行った例もあります。

運動の交流相互に刺激となり、各大学の要求事項や運動の方法の見直しにつながったようです。ある大学の署名の発起人は「呼びかけ」の中で、先行する他大学の署名が多くの賛同を得ていることに「感銘を受けた」と述べています（成城大学発起人）。

各大学でとりくまれた署名の「呼びかけ」には、他大学で要求された事項を取り入れたり、発展させた形跡をいくつもうかがうことができます。北海学園大学、東京家政大学の発起人は、同校の学則が「授業料その他の学費は事情の如何にかかわらずこれを返還しない」と定めていることに触れ、それにもかかわらず既納の学費等の返還・納入予定の学費の減額を要求することを明確にしています。同様の規定は多くの大学の学則に共通するものと思われます。東京学芸大学の発起人は、COVID-19パンデミックを「授業料等の返付」の理由とできるよう学則改定を行い、返還の額を学生と協議することを求めています。

さらに、他大学における大学側のとりくみも参考にしながら、要求や理由を練り上げている例もあります。同志社大学の発起人は、自校の授業形態のガイドライン作成が遅れていることを挙げ、先行する中央大学のガイドラインを参考にするよう示しています。また、図書館の運営に関しては、一橋大学図書館を参考にすることを勧めています。

このようなプロセスを通じて、運動にとりくんだ学生たちは大学に関する理解を深め、自身の要求に関する認識を深めていったように思われます。

このほか、三〇以上に上る署名の「呼びかけ」には、いくつかの傾向があるように思われました。一つは、他の学生への配慮です。ある大学の発起人は、自分は何とか払える額であっても、他の学生のことも含めて学費の問題を考えることを次のように呼びかけています。

大学の学費は誰にとっても安くはありません。経済的に困窮している学生のためにも、施設費の一部返還を実現させましょう！（駒澤大学発起人）

もう一つは、教職員への配慮です。「呼びかけ」には授業料の減額・返還を掲げながら、大学には教職員の賃金をカットしないよう求めるものもあります（駒澤大学・國學院大学）。これらは、学生全体の教育を受ける権利、および教職員の生活費の保障も大学が保持すべき環境であることを認識したものといえるでしょう。

このほか、「呼びかけ」の中には、大学が掲げている改革の理念やポリシー、公開情報をいわば逆手に取り、授業料減額の正統性や、改革自体の問題点を指摘しているものもあります。中には、最近のものだけでなく建学理念まで遡り批判の論拠としているものもあります。同志社大学の発起人は、開学以来行われてきた対面型の授業の意義、および通学困難な学生など通常の対面授業を受けることのできない学生に対する教育の可能性などオンライン授業によって開かれた可能性を指摘した上で、それぞれを新島襄の言葉など建学理念に引きつけて理解し、次のように述べました。

署名には本学の学生はもちろんのこと、他大学の学生や関係者にも賛同していただいた。そして、本学の請願署名人のみならず、学生により他大学でも署名活動が始まり、大学に対する請願の提出も見受けられるようになった。当事者たる学生が声をあげ、担当部局にその声を届ける。これは「自治自立の人民を養成」する、理想とされる民主主義のかたちではなかろうか。是非とも賛同していただいた一人ひとりの重みを感じ取り、学生本位の良心をもった対応を強く願う。そして、我々が新型感染症に打ち勝ち、大学構内に入り、講義を聴講し、同志と語り合う。あるべき日常を取り戻す一助になることを希求し、本請願を締めくくる。

各大学でとりくまれた署名の総数は、三〇大学一万七一一六筆でした（二〇二〇年四月三〇日）。署名の数もさることながら、これらは、先に述べた全国的な要求運動の基盤となりました。特筆すべきは、学生の要求が単に経済的な面での支援にとどまらず、大学が学生に対して保障すべき内容をさまざまなかたちで明らかにしていることです。発起人たちは異口同音に、他の学生と共に学ぶこと、施設・設備の利用、授業以外の学生同士の交流の機会などが大学に不可欠であると述べています。そして、何人かの発起人は、これらを求めることは「学生の権利」であると指摘しています。また、異なる授業を履修しているにもかかわらず、成績を奨学金の基準とすることは不合理であるなど、大学・高等教育の問題をさまざまな角度から考察しています。[23]

なお、北海道大学においても、学生は緊急事態宣言以降、オンライン授業が全面化した環境に関して強い不満を持ち、大学に対してさまざまな批判を書き連ねました。筆者はそれらを通読して、ほとんどは正当なものだと感じました。また、その中のいくつかは、大学の教育課程制度の問題点に関して相当掘り下げた考察を行っています。しかしながら、一八三〇件に及ぶ回答の中には学生の「権利」の言葉はありませんでした。[24]これは、「授業課題に関する調査」に対する回答であったことが影響しているのかも知れません。学生団体が行った調査であれば、異なる結果となった可能性があるように思われます。

韓国における学費返還運動

二〇二〇年二月以降、海外の大学でもキャンパスの閉鎖、オンライン授業が広がりました。日本と同じように学生の学費負担が大きい韓国や米国では、学費返還運動が起こり、訴訟に発展しています。

韓国の新聞・ハンギョレの一連の記事によれば、韓国の状況は以下のようなものでした。[25]三月、韓国政府は一学期の開始を一カ月遅らせ、小学校から高校までのすべての学校でオンライン授業を行うことを決定しました。大学でも三月からオンライン授業がはじまりました。これに対して、早くも三月一一日には学生による学費返還運動がはじまります。「全国大学学生会ネットワーク2」（以下、ネットワーク）は、大統領府（青瓦台）前で記者会見を開き、政府省庁と大学に対し、授業の質の担保のための予算確保、授業料の使途の公開、未使用施設の維持費などに対する登録金の返還などを要求すると発表し、大統領府に要求書を届けます。このように早い時期から登録金の返還要求が出たのは、三月初めに始業した一部大学の非対面講義に対する学生たちの不満だけでなく、以前から大学登録金が高額であることに対する批判が高まっていたためでもあるようです。

四月二三日、学生団体と教育部（日本の文部科学省に相当）の会見が行われます。ここで、教育部側は遠隔授業対策については理解を示したものの、登録金（授業料など学生納付金）の返還は「基本的に各大学と学生間の問題であり、登録金の返還は各大学が自ら決める事案である」という姿勢を取りました。四月二四日、韓国大学教育協議会はコロナウイルス感染症対策に関する学生との交渉には意義があると認めたものの、登録金返還に関しては大学の財政状況の厳しさを理由に消極的でした。一方、教育部に対しては、予算執行が困難になった「大学革新支援事業費」の用途制限を緩和し、大学がこれを奨学金支給などに使用可能にすることを要請しました。政府・与党は、学生・大学の要求にただちに応じなかったものの、登録金の一部返還に必要な財源を調達し、大学に対して支援する方法を模索します。その結果、二〇二〇年第三次補正予算には「登録金返還関連予算」が盛り込まれることになりました。

教育部は七月三〇日、一〇〇〇億ウォンの「大学非対面教育緊急支援事業（大学・短大革新支援事業Ⅳ類型）」の基本計画を発表し、一般大学に七六〇億ウォン、短大に二四〇億ウォンを割り当てました。予算支援を受けるためには「財政条件」を満たし、かつ「自助努力による奨学金支給」を行うことが条件となります。「財政条件」としては、累積積立金が五〇〇億ウォン以上一〇〇〇億ウォン未満の大学は支援金が減額されます。また、一〇〇〇億ウォン以上の大学は支援の対象外となります。このほか、立地や学生数に応じた増減が行われ、各大学の「実質的な自助努力」の金額内において支援金が支給されることになります。大学はこの事業費を、オンライン教育の質の向上、防疫、施設設備などにかかる支出に充てることができます。

このような経緯で、韓国では学生の登録金返還要求に対して、特別奨学金のかたちで応じる大学が増えています。韓国私立大学総長協議会によれば、学生に対してCOVID-19関連の特別奨学金や生活費を何らかのかたちで支給した大学は、予定も含めて九七校（一五三校中）。うちわけは、学生全員に支給した大学は一八校、支給予定の大学三一校、一部の学生に支給した大学は四〇校、支給予定の大学七校でした。また、国立大学の二九校と公立大学のソウル市立大学も、登録金を学生と協議して返還するとしています。

学費減額運動の課題

韓国における学費返還運動は、オンライン授業の質、および大学の施設を利用できないことに対する不満の高まりにより行われたという点は日本と共通しています。

日本でも、学生と大学が話し合いをもった例はあります。京都橘大学では、学生が大学に対して、学費減免を求める約八〇〇人分の署名を提出しました。これを受けて、学長が署名活動の代表者と話し合い、その後、学生自治会を通して学生に対する説明を行いたいと申入れました。その結果、六月下旬、三時間に及ぶ説明会が持たれることになりました。ここで、学長が大学の学費に関する考え方や学生支援策を説明し、学生側の理解を得ることになりました。

とはいえ、すべての大学において学生と大学の間で話し合いが行われたわけではありません。多くの大学では、学生が署名を提出したものの、それに対して大学は授業料を返還することができない理由を文書で通知し、「理解」を求めるにとどまっています。踏み込んだ話し合い、学生の疑問に答えるかたちでの説明はほとんど行われていないようです。このような大学側の姿勢に対して、学生は必ずしも納得していないだろうと思われます。しかしながら、日本の大学においては、これ以上の話し合いは行われていません。

これに対して、韓国の大学では、次の二点において日本と事情が異なります。第一に、学生組織と教育行政当局、および学生組織と大学団体との間で交渉がもたれたことです。第二に、学生が大学（法人）に対して授業料返還を求めて訴訟を起こしたことです。

現在、日本では文部科学省や大学団体などと交渉する全国的な学生組織は存在しません（大学院生の組織である全国大学院生協議会は、毎年文部科学省に対して要請行動を行っています）。学生自治会、学友会など大学側が認める学生組織もありますが、全国的なネットワークがないため、一部の大学で行われている運動の経験を生かすことも困難であるようです。

韓国における授業料返還訴訟は、基本的人権の侵害として提起されました。すなわち、学生たちは授業料返還を求める根拠として、COVID-19パンデミックに対する大学の対応が不十分であり、憲法第三一条で保障された基本権である教育を受ける権利が侵害されていると主張しています。このような学生側の主張が裁判において認められるかはわかりません。チョンビョンホ（ソウル市立大学）は、「この問題の背後には大学登録金が大多数の労働者階層にとっては、いわゆる「殺人的」であるという現実が存在する。したがって、登録金返還訴訟とは別に、大学登録金引き下げ、または廃止という根本的なパラダイムの変化のための運動が必要になるだろう」と述べています。[26]

日本でも将来、学生が授業料返還を求めて訴訟を起こす可能性はあります。その際、高等教育の権利が保障されるべきという合意が学生の間、さらには社会において広く存在することが裁判所の判断に大きく影響するはずです。

---

1 「新型コロナ 京産大に不当差別 感染せずとも影響 バイト出勤拒否／就活で別室／「学生殺しに行く」」『毎日新聞』大阪夕刊二〇二〇年四月一〇日。

2 高等教育無償化プロジェクトFREE「新型コロナウイルス感染症の影響から大学・専門学校生を守るための緊急提言」二〇二〇年四月二二日。

3　藤本淳也（研究代表者）「大学生への新型コロナウイルス感染症拡大の影響」報告書完成版（https://www.univas.jp/article/13461/）二〇二〇年四月一三日。

4　公益社団法人東京都専修学校各種学校協会「「学生生活の現状に関するアンケート」結果」（https://tsk.or.jp/Home/html/corona_data2.html）二〇二〇年六月一五日。

5　静岡文化芸術大学「二〇二〇年度緊急学生生活調査（コロナ禍・ハラスメントに関する状況と意識について）集計結果速報」（https://www.suac.ac.jp/news/forstudents/2020/02244/）二〇二〇年八月。

6　「大学生バイト収入打撃　愛媛大サークル調査「減った」「ゼロ」六割」『読売新聞』朝刊、愛媛地方面、二〇二〇年五月一二日。

7　北海道大学教育学部・大学院教育学院「生活と家計に関する緊急アンケート結果について」（https://www.edu.hokudai.ac.jp/wp/wp-content/uploads/2020/05/bf3411eb8882f1c6b7d4d37d76542146.pdf）二〇二〇年六月一日。

8　一律学費半額を求めるアクション「学生支援緊急給付金」についてのアンケート結果（二〇二〇年七月二〇日―二五日実施、回答数一一三）二〇二〇年七月三一日。「要件満たす学生、半数受け取れず　国の給付金、学生団体アンケート」『朝日新聞』朝刊二〇二〇年八月四日。

9 第二〇一回国会 参議院本会議六月八日、徳永エリ議員（国民民主党）の質問、「留学生へ給付「差別おかしい」京大・山極総長、国の成績要件を批判」『朝日新聞』朝刊二〇二〇年六月一三日など。

10 「学生支援金、近大で二重給付」『朝日新聞』大阪朝刊二〇二〇年七月八日、「近大生七四人に給付金二重払い 大学申請ミス」『読売新聞』大阪朝刊二〇二〇年七月八日。

11 「四月三〇日 安倍晋三内閣総理大臣、萩生田文部科学大臣への要望書」の付属資料、前掲日本記者クラブ会見資料。

12 「【全学生対象】遠隔授業などの修学環境整備のための給付実施私立大学一覧遠隔授業環境整備」『日本私大教連・第三三回定期大会議案書 資料編』。

13 「コロナ下における国立大学の経済的支援（二〇二〇年六月二〇日現在）」「中等教育及び高等教育の漸進的無償化立法を求める会」ホームページ掲載情報。

14 日本私立大学連盟「私立大学の「対面授業再開」と「授業料等」に関する見解」二〇二〇年九月。

15 西井泰彦「学生納付金の意義と役割」（日本私立大学協会『アルカディア学報』六八二号）二〇二〇年九月一四日。

16 文部科学省「新型コロナウイルス感染症の影響を受けた学生への支援状況等に関する調査」（一

〇月一四日時点）二〇二〇年一〇月一六日。

17 白川優治「コロナ禍における学生の経済的状況の悪化とその支援の状況と課題」（『コロナ禍の私立大学』私学高等教育研究所）二〇二〇年一一月、二一頁。

18 冨田 宏治「新たに創設した奨学金による 家計急変学生への支援」（日本私立大学連盟『大学時報』四〇七号、二〇二〇年七―九月号）五一頁。

19 「新型コロナによる校内閉鎖、オンライン授業に関する学費減額、返還を求める署名」日本私大教連『日本私大教連・第三三回定期大会議案書 資料編』二四～二五頁。

20 白川優治前掲書、二四頁。

21 「『一律学費半額を求めるアクション』活動内容」前掲日本記者クラブ会見資料。

22 「一律学費半額を求めるアクション」前掲日本記者クラブ会見資料（投影資料）。

23 「一律学費半額を求めるアクション」（https://www.change.org/u/1080446917）。

24 北海道大学ラーニングサポート室「授業課題に関する調査」。

25 「史上初のオンラインで始業、実験台になった教育現場」（二〇二〇年四月一日）、「授業料の値打ちないオンライン講義…減額規定なしは話にならない」（四月二八日）、「建国大学が打ち出した「新型コロナで授業料減額」」（六月一六日）、「漢城大「全学生に二〇万ウォンの奨学金」…建大に続く「授業料返還」対策に注目」（六月二四日）、「大学授業料返還の政府支援「反対」が六二％

26

＝韓国世論調査」（六月二五日）、「授業料を返還する余力がない？ 積立金九〇億円を超える大学は計二〇校」（六月二九日）、「大学生の六八％「授業料の使途公開し差額を返還すべき」」（六月三〇日）「大学生「三分の一以上」、政府与党「一〇％」…大学授業料の返還規模も論争に」（七月二日）、「韓国の大学ら、「授業料返還訴訟」に「それなら奨学金を渡さない」と学生を圧迫」（二〇二〇年八月一五日）、いずれも『ＨＡＮＧＹＯＲＥＨ』（http://japan.hani.co.kr/arti/）。チョン ビョンホ、ヤン スギョン（翻訳）「コロナ事態による韓国の大学授業料返還運動」（渡部昭男（研究代表者）「高等教育における経済的負担軽減及び修学支援に係る法・制度・行財政の日韓比較研究」研究報告書（http://www.lib.kobe-u.ac.jp/handle_kernel/81012466）二〇二〇年一一月九日。

第四章　コロナ危機と大学政策・大学改革

「学校等衛生環境改善」により行われたトイレの改修工事（2021年2月、北海道大学札幌キャンパス、著者撮影）。

（1） 感染症対策の課題

入試・行事における対策

コロナパンデミックが現実のものとなりつつあった二〇二〇年一月末、文科省は学校保健安全法に基づく対応を求める通知を都道府県教育委員会等に行います。学校保健安全法は、感染症の蔓延など公衆衛生が悪化した場合の学校教育に関する措置を定めるもので、大学も対象としています。

しかしながら、文科省の大学への対応は、高校までの学校とは異なるものでした。一般に大学の学生の通学範囲は高校までと比べて広範であること、大学の授業は通常二月初旬までに終わるため、在学生に対する本格的な対応は四月以降とならざるをえないなどの事情の違いがあったためと考えられます。

文科省が大学に呼びかけた最初のコロナ対策は、二月からはじまる入学者選抜（一般入試）における受験生に対する配慮でした。[1]

二月下旬になると、文科省は感染症対策としての内容を持つ通知を大学に対して行うようになります。大学入学者選抜に関しては、会場における感染症対策の徹底を求め、それが困難である場合には、二次試験を中止、一次試験（大学入試センター試験）の成績のみで合否判定を行うなど選抜方法の変更を求めています。[2] 大学の行事等に関して、卒業式、卒業パーティー、入学式などイベント・催事の中止等の検討を要請しています。また、卒業旅行など学生の個別的な行動の抑制を啓発することも要請しました。[3] ヨーロッパ旅行から帰国した学生が感染者であるケースが相次いだことを受けて、三月一七日、文科省は学生の海外渡航自体を抑制するよう要請しました。[4]

施設の改修

四月に新学期の授業がはじまることを見越すならば、施策の柱はキャンパスにおける感染症対策、および地域の保健当局との連携となるはずです。しかしながら、大学における感染症対策は、施設設備の改修等は不十分なものにとどまりました。また、学生・教職員らを対象とする検査が推進されることもありませんでした。その結果、大学における感染症対策は、授業のオンライン化だけが突出することになりました。

施設設備の改修等に関しては、二〇二〇年度第一次補正予算において「学校等衛生環境改善」に四六億円が計上されました。内容は、飛沫対策のため大学等のトイレの改修工事を行うというものです。この予算は国立大学とその附属校、および国立高等専門学校のみを対象とするものであり、私立大学は対象外でした。なお、私立の小中高校等に対しては「私立学校衛生環境改善」（三億円、補助率三分の一）が措置されています。また、対象となった学校においても、対象となる施設には築年数が二五年以上経過しているなどの要件が課されるため、実際に改修された施設は多くなかったようです。

北海道大学では、工学研究院（工学院・工学部）の材料・化学系棟のトイレの改修が行われました。改修の内容は、和式便器を蓋付きの洋式便器に交換するとともに、床面を湿式から乾式に改装するというものです。

（2）大学の教育方法

大学設置基準の解釈変更に潜む問題

二〇二〇年三月二四日、文科省は、一定の条件を満たすことを条件に、オンライン授業を行う授業であっても対面授業の単位と見なしてよいとする通知[5]を行いました。三月二四日付通知は、各大学がオンライン授業を行いやすくしたという点で意義を持つものでした。同時に、この通知以降に展開された行政解釈が大学側に誤解をもたらし、二〇二〇年の大学教育に重大な事態を引き起こすことになります。問題を明らかにするために、しばらく煩雑な通知の解説が続くことをお許しください。

三月二四日付通知が示した解釈は、「面接授業の一部をオンラインで実施する場合であって、授業全体の実施方法として、主として面接授業を実施するものであり、面接授業により得られる教育効果を有すると各大学等の判断において認められるもの」については、卒業要件として修得すべき単位のうち遠隔授業で修得することのできる上限である六〇単位に含める必要はない、というものでした。同時に通知は、感染症対策として行うオンライン授業は、大学設置基準第二五条の規定に基づき、大学が履修させることができる授業について定めた告示（「平成一三年文部科学省告示第五一号等」）等に従う必要があると述べ、その方法については、告示の「二号等の規定に基づき、テレビ会議システム等を利用した同時双方向型の遠隔授業や，オンライン教材を用いたオンデマンド型の遠隔授業を自宅等にいる学生に対して行うことは可能」と述べたのです。通知はほかにも、学事日程の弾力的運用、授業料等の減免や納付時期の猶予等の対応をすることを要請するなどしています。

大学設置基準（抄）

（授業の方法）

第二五条　授業は、講義、演習、実験、実習若しくは実技のいずれかにより又はこれらの併用により行うものとする。

2　大学は、文部科学大臣が別に定めるところにより、前項の授業を、多様なメディアを高度に利用して、当該授業を行う教室等以外の場所で履修させることができる。

3・4（略）

平成一三年文部科学省告示第五一号（大学設置基準第二五条第二項の規定に基づき、大学が履修させることができる授業等について定める件）等の一部改正（平成一九年文部科学省告示第一一四号）

通信衛星、光ファイバ等を用いることにより、多様なメディアを高度に利用して、文字、音声、静止画、動画等の多様な情報を一体的に扱うもので、次に掲げるいずれかの要件を満たし、大学において、大学設置基準第二五条第一項に規定する面接授業に相当する教育効果を有すると認めたものであること。
一　（略）
二　毎回の授業の実施に当たって、指導補助者が教室等以外の場所において学生等に対面することにより、又は当該授業を行う教員若しくは指導補助者が当該授業の終了後すみやかにインターネットその他の適切な方法を利用することにより、設問解答、添削指導、質疑応答等による十分な指導を併せ行うものであって、かつ、当該授業に関する学生等の意見の交換の機会が確保されているもの
（傍線筆者）

その後、文科省は四月一日に三月二四日付通知の内容に関する「Q＆A」を作成し、各大学等に配布しています。[6] ここでは、オンデマンド型のオンライン授業においては、告示二号が求める、「授業の終了後すみやかに」「設問解答、添削指導、質疑応答等による十分な指導」と「当該授業に関する学生等の意見の交換」を行う必要があると述べています（問4）。また、一部オンラインで実施する授業が「主として面接授業を実施する」授業と見なされるためには、一定程度対面で行われる必要があるという見解を示しています（問

7)。

三月二四日の段階では、文科省は遅くとも6月には対面授業が再開されると見込んでいたようです。ところがその後、緊急事態宣言が解除されてもすべての学生がただちに通学圏内に移動するのは困難であることや、ひきつづきオンライン授業を継続する大学が多いこと、学生の間にもオンライン授業を望む者が少なくないことなどがわかってきました。その結果、文科省は四月二一日に「Q&A」の改訂を行います[7]。文科省はこの中で、三月二四日付通知の解釈を実質的に変更するとともに、新たな内容を追加します。

すなわち、四月二一日付「Q&A」は、感染症の拡大感染により予定していた対面授業をすべてオンラインで実施せざるをえなくなった場合、「特例的な措置として、面接授業に相当する教育効果を有すると大学において認められるものについては、大学設置基準第二五条第一項で規定する授業の方法を弾力的に取り扱って差し支えありません」との見解を示しました。同時に、四月二一日付「Q&A」は、上記の「特例的な措置」の授業において成績評価を行う場合、「当該授業の実施状況及び成果を確認した結果、当該授業科目の到達目標を十分に達成できていることに加え、面接授業に相当する教育効果が認められる必要があります」と述べ、以下の（1）~（3）について「留意」することを求めました

（問17）。

> （1）授業担当教員の各授業ごとの指導計画（シラバス等）の下に実施されていること
> （2）授業担当教員が、オンライン上での出席管理や、確認的な課題の提出などにより、当該授業の実施状況を十分に把握していること
> （3）大学として、どの授業科目が遠隔授業で実施されているかなど、個々の授業の実施状況について把握していること

文科省が四月二一日付「Q＆A」で示した見解は、大学の授業をオンラインで実施する際のハードルを大きく下げるものでした。その結果、全国の大学で広範にオンライン授業が行われるようになったことはすでに見た通りです。

同時に、四月二一日付「Q＆A」の内容は、大きな問題をはらむものでした。ここで、オンライン授業が「面接授業に相当する教育効果が認められる必要」があるとして「留意」するよう求めた（1）～（3）は、突如出現したものであり、これらに「留意」しなければならないとする理由は不明です。文書の性格上も、「Q＆A」は行政見解の表明に過

ぎず、大学設置基準や大学設置基準に基づく文部科学大臣の告示のような法規性を持つものではありません。したがって、大学や授業を担当する教員は、（1）～（3）の内容を参考に、適切な授業や成績評価の方法を考えればよいのであって、これらを守らなければならないルールであるかのように考える必要はありません。さらにいえば、（2）の記述も例示的な表現にとどめていることにも注意すべきです。四月二一日付「Q＆A」は、書き方の上でも、課題を必ず提出させなければならないと述べているわけではありません。

ところで、四月二一日付「Q＆A」においても、四月一日付「Q＆A」が示したオンデマンド型のオンライン授業においては、「授業の終了後すみやかに」「設問解答、添削指導、質疑応答等による十分な指導」と「当該授業に関する学生等の意見の交換」を行うことが必要だとする見解は上書きされていません。そうであるならば、オンデマンド型の授業と対をなすものと位置づけられていた同時双方向型の授業においては、学生に対する指導や意見交換は授業中に行えばよいとした見解も当然生きているはずです。この点からも、同時双方向型のオンライン授業においては課題を出す必要はないということになります。もちろん、教員の判断により課題を出すことに問題はありません。

なお、オンデマンド型のオンライン授業に関しても、四月一日付「Q＆A」が示した、大臣告示に依拠する「授業の終了後すみやかに」等の内容を行う必要があるかは疑問です。その理由は、第一に、告示は大学設置基準二五条二項が定める遠隔授業の方法に関して定めたものであり、四月二一日付「Q&A」が述べるように、大学設置基準二五条一項の「特例的な措置」として行う授業の方法に関する法規定性格は持っていないと考えられるからです。そして、第二に、そもそもオンライン授業が「対面授業に相当する教育効果」を持つためにはどうすればよいかは大学が考えるべきことがらです。このようにいってしまうと身も蓋もないかもしれませんが、対面授業でも課題を出さない授業があるのに、オンデマンド授業になったとたん「対面授業と同等」にするために課題を出さなければならないというのは不可解です。くどくなりますが、もちろん、教員の判断により課題を出すことに問題はありません。

現実には、二〇二〇年度の大学授業においては、これまでにない量の課題が出され、学生にとって大きな負担となったことは、各種アンケート調査の結果が示しています。授業において出された課題が、大学や教員の自主的な判断に基づくものであればよいのですが（この場合でも、課題を適切な量にする調整は必要です）、文科省「Q&A」に従わなければならないと考えた結果であったとすれば、大きな問題だったといわなければなりません。なお、オンライン授業において課題が多くなる傾向は、海外諸国でも起きています。それぞれがどのような理由によるものかを検証する必要があります。

総務省による「不当な支配」

二〇二〇年七月〜一二月、総務省は東海地方四県（静岡県・愛知県・岐阜県・三重県）の国立大学八校（静岡大学・浜松医科大学・豊橋技術科学大学・愛知教育大学・愛知工業大学・名古屋大学・岐阜大学・三重大学）に対して「大学で遠隔授業を有効かつ円滑に実施する方策」などに関する行政評価を実施しました。結果は一二月にまとめられ、公表されています。[8]

ここで、大学のオンライン授業に関して、「教員の質疑応答等による十分な指導や学生との意見交換などが授業終了後速やかに行うことが求められているにもかかわらず、その内容が不明となっているオンデマンド型の遠隔授業」が見られた（三三頁）と述べていることは重大です。すでに述べた通り、「Q&A」は法規性を持つ文書ではなく、文科省の要請に従うかは大学や教員が自主的に判断すべきことがらだからです。

ところが、総務省はこのような見解に基づき、「遠隔授業における面接授業に相当する教育効果を担保するための措置の実施状況について、教員への調査やシラバスの内容を確認するなどにより把握し、この措置が行われていない場合は必要な対応を行うこと」などを「所見」としました。[9] このような行政指導は、大学の自主的な判断を阻害するものであり、見過ごすことはできません。とりわけ教育方法に介入することは、緊急事態であるかにかかわりなく、教育に対する「不当な支配」となりうる問題をはらむものです。

（3）危機便乗型「改革」

「九月入学」が招いた混乱

コロナ危機の中、危機便乗型ともいうべき政策が行われました。緊急事態宣言中に政府が検討した教育制度の検討も混乱を招くことになりました。現在、会計年度に合わせて四月に設定されている学校暦の始期を、欧米諸国に揃えて九月開始に変更する、いわゆる「九月入学」です。

「九月入学」の検討は、二〇二〇年四月下旬にはじまります。四月二八日、萩生田文部科学大臣は定例記者会見において、学校の「九月始業」を「一つの選択肢として考えなければならない」と述べました。二九日には、安倍首相が衆議院予算委員会において、学校入学九月案に関して「これぐらいの大きな変化がある中においては、前広にさまざまな選択肢を検討していきたい」と発言しています。そして三〇日、政府は新学年の「九月入学」について関係各府省の事務次官らによる検討に着手したことを明らかにしました。

にわかに「九月入学」を検討しようという気運が高まった背景には、大学以外の学校の休校期間が長引く中、二〇二一年三月までの間に各学年の教育課程を終えることができない可能性が現実化してきたことがあります。しかし、これは各学校の始期の変更という社会制度の大きな変更の理由になるとは思われません。政府の意図は、コロナパンデミックをきっかけとして学校教育制度の「国際標準」化を一挙にやり遂げようとするものでした。

自民党は、五月一二日に第一回の「秋季入学制度検討ワーキングチーム」（座長、柴山昌彦）を開催、以後、省庁・有識者・団体からのヒアリングを重ねました。文科大臣経験者などを揃えたワーキングチームは当初、導入に前のめりでしたが、専門家・関係者から問題点の指摘が相次ぎ、意気消沈していくことになります。[10] 最終的に自民党政務調査会は、「九月入学」は、①教育改革・社会変革の重要な契機、②国際化への寄与の意義があると考えられるものの、主な課題として、①教育制度を始め多くの制度・慣行の変更に伴う心理的・経済的負担、②在校生・浪人生の就業時期の遅れと諸経費の増加、③人数が増加する学年への対応（待機児童の発生等）、④幼稚園・保育園の在園児の学年分断の発生があるとして、「今年度・来年度のような直近の導入は困難」と結論しました。[11]

今回の「九月入学」の検討は、コロナパンデミックに伴う教育の問題の解決と学校教育制度の改革を同時に追求したという点で、問題を持つものでした。そこで、自民党政務調査会は、「九月入学」は中期的課題としていったん棚上げし、前者の措置として、オンライン学習の推進、教育活動の重点化と長期休業期間や土曜日の活用等が必要になるとして、教育行政当局に教育課程の取り扱い方針を提示することや、設置者の判断で二〇二〇年度を二週間～一カ月程度延長できるようにする特例措置を検討すべきことを提言しています。この提言を受けて、文科省は各学校の最終学年を除き、標準的な教育課程を年度内に終えない場合があることを認める取り扱いなどを打ち出しました。[12]

高校生の入試制度要求

さて、危機に乗じた「改革」からは離れますが、二〇二〇年の「九月入学」の議論において注目されたことの一つに、現役の高校生から「九月入学」を求める声が上がったことがあります。声を上げたのは大阪市の高校に通う二人の高校三年生でした。彼らは二〇二一年度の新学期を半年ずらし、九月から開始することを提案し、インターネットの署名サイトを用いた署名活動をおこないました[13]。署名は四月二四日から五月二日までの間おこなわれ、二万三〇〇〇人余りが賛同しました。署名発起人の高校生が「九月入学」を求めた理由は、①全国一律で八月末まで休校にすることで九月から平等な教育を受けられる可能性が高い、②入試等もそれに準ずることで混乱を抑えることができる、③海外の学校と足並みを揃えることによる留学の推進、④かけがえのない青春を取り返すことができる、というものでした。

これに対して、慎重論を唱える高校生もあらわれ、やはり署名をおこないました[14]。こちらは、「九月入学」賛成の意見には、受験生や就活生が急な制度変更に翻弄されることの問題性、受験生や就活生が実現可能性、費用を誰が負担するのかの検討などが欠けていることを指摘、休校中の「学びの遅れ」に関しては九月新学期制ではなくオンライン授業の整備を進めることにより対応すべきと訴えました。また、「九月入学」にする場合でも、全ての学生の半年間分の学費の保障、二〇二一度入試の日程予定のできる限り早い発表、コロナの第二波や災害が起こった場合に備えオンライン授業を整備することなどを求めています。

「九月入学」の検討は、これまで臨時教育審議会などがおこなってきました。直近では、二〇一一年に東京大学が「秋入学への全面移行」を掲げた検討をおこなったことがあります。[15] しかし、過去の検討はいずれも政策論に終始しており、あえていうなら、「上から目線」のものでした。それに対して、当事者が要求し、課題を検討したことは、二〇二〇年の「九月入学」論のこれまでにない特徴でした。

なお、このときの「秋入学」論は、経済界が求めるエリート人材育成および非エリートの高等教育と峻別するしくみづくりをすすめるものでした。高大接続の改革論としては、国大協が二〇一〇年にまとめた「高大接続テスト」（基礎から発展までの内容を網羅、CBT、複数回受験可能）の流れを断ち切る役割を果たしました。結局、後に続く大学は現れず、東大も学内の慎重論が強かったために、このとき「秋入学」が広がることはありませんでした。しかしながら、大学入試における「主体性評価」、高校教育・大学教育の抜本的な改革などはその後の政府の「高大接続改革」の検討に引き継がれ、ここに英語民間試験導入が加わるなどして、二〇二一年度入試の「改革」と大混乱を招いたことは周知の通りです。二〇二〇年に署名を提起した高校生たちは、まさしくこの「改革」に翻弄された当事者でした。

六月以降、高校では対面授業が全面的に再開され、目立った要求運動が起こることはなくなりました。しかしながら、高校生が提起した二つの署名の内容を見ると、先に見た大学のオンライン授業に対する学生の反応と同様に、高校生の間にも、感染症対策と高校教育の保障の要求が緊張をはらみながら存在していたことがわかります。教職員ら関係者がこれら高校生の要求にどのように応えたかは、あらためて検証されるべきでしょう。

対面授業再開の推奨

六月に緊急事態宣言が解除されると、政府は「感染症対策と経済の両立」を政策のスローガンにしました。大学に関しては、研究・教育等を再開することを重視するものになります。特に、大学の授業の方法に関する施策は大きく変わることになります。同時に、経済的に困窮した学生に対する支援にも予算措置を行いました。

七月二七日、文科省は、大学設置基準が「主に教室等において対面で授業を行うことを想定している」ことを根拠に、後期の授業では面接授業を併用することを検討したり、学生に対して丁寧な説明をすることや学生の希望等を聞くことなどを求めました[16]。九月一五日には、感染対策を講じた上で面接授業の実施が適切と判断されるものについては、対面授業の実施を検討することを「強く推奨」しました。クラスを対面とオンラインにわけて入替える、履修者のうち一年生を優先的に対面にするなどを「学生が納得できる学修機会を確保するための取組」として紹介しました。[17]

一〇月二日、文科省は二〇二〇年度後期の授業の方針に関する全国調査の結果を公表します（「大学等における後期等の授業の実施方針等に関する調査結果（地域別）」）。その結果、「三割対面」「ほぼ遠隔」と回答した大学は、関東では六割以上、近畿では三五％、他の地域はそれ以下であり、最も少ない北海道・東北は一〇％弱でした。一〇月一六日、萩生田文科大臣は閣議後記者会見で、後期授業の対面の割合が三割以下と回答した国公私立大など三七六校を対象に、対面とオンライン授業の比率などを再調査し、半数に満たない大学名を公表すると発言しました。この発言は、大学に対する圧力であるとして物議を醸すことになります。最終的に、文科省は九月の調査において対面授業の比率が「半数未満」と回答した大学を対象とするアンケート（「大学等における後期等の授業の実施状況に関する調査」）を行い、その結果を発表しました（二〇二〇年一二月二三日）。ここでは、対面授業の比率が「半々」より少ないと答えた大学に対して、「学生の理解状況」について「貴学の認識」をアンケートし、一覧表を作成しています。大半の大学が①「ほぼ全ての学生が理解・納得」、または②「大多数の学生が理解・納得」と回答しています。

文科省がオンライン授業の推奨から対面授業の再開推進へと大きく舵を切った背景には、すでに見たように、オンライン授業の長期化が学生の心身の不調につながっていることが明らかになるとともに、学生や父母らの間にキャンパスへの立入りを禁止している大学に対する強い不満の声が上がったことがあります。しかし、緊急事態宣言発令以前から、オンライン授業は必ずしも感染症対策としてのみ推奨されていたわけではありませんでした。そのことは、二〇二〇年度補正予算における関連予算の名目が「大学等における遠隔授業の環境構築の加速による学修機会の確保」（大学等側：カメラ・音声機器等、学生側：モバイル通信装置）、③遠隔授業を行うための技術面・教育面の支援体制整備（第一次補正二七億円、第二次補正七三億円。内容は、第一次・第二次とも、①遠隔授業実施に係るシステム・サーバ整備、②遠隔授業を行うための機材整備。機器・ソフトウェアのトラブル対応等のための専門的人材〈TA等〉の配置など）とされていたことに表れています。ここには感染症対策の文字は見当たりません。

一方、対面授業の再開に必要な感染症対策は、換気・消毒の徹底や受講者数を制限するなど、大学のとりくみに頼るものばかりです。この間の政府の予算措置の主たる目的は、コロナ危機を梃子に大学教育のオンライン化を推進することだったように思われます。

「大学ニューノーマル」

コロナパンデミックをきっかけに、「ニューノーマル」という言葉がよく使われるようになりました。「ニューノーマル」は、それまで常識とされていた行動様式の見直しを意味しますが、特に決まった内容があるわけではありません。大学においても、「大学ニューノーマル」という言葉が用いられることがあります。これも定説があるわけではなく、関係者の間でもさまざまな意味で用いられています。[18]

しかし、「大学ニューノーマル」が政策用語として用いられる場合、特定の意味が込められることになります。

二〇一九年の閣議決定「経済財政運営と改革の基本方針二〇一九」は、「国立大学との自律的契約関係を再定義し、真の自律的経営に相応しい法的枠組みの再検討を行う」と述べました。この決定に従って、文科省は検討会議（「国立大学法人の戦略的経営実現に向けた検討会議」、二〇二〇年一月設置）を組織し、検討を進めてきました。

検討会議最終報告（「国立大学法人の戦略的な経営実現に向けて〜社会変革を駆動する真の経営体へ」二〇二〇年一二月二五日）は、国と国立大学法人との関係を「自律的契約関係」へと変化させると述べています。報告書が「自律的契約関係」と呼ぶものの内容は、文科省は現在のように各国立大学法人に対して個別に中期目標を与えるのではなく、「大綱」（「国立大学法人中期目標大綱（仮称）」）と呼ぶ「国立大学法人全体に求める役割・機能に関する基本的事項（一覧）」（中間取りまとめにおける表現）を作成し、各国立大学法人はこの「大綱」の中から「自身の目標に照らして、ミッションとして位置づけるもの」を選択、中期目標の「素案」をつくり（中期目標の策定権者は引き続き文科大臣）、中期計画を策定・実施する、というものです。国はこれら「国立大学法人に負託する役割や機能が発揮される環境構築に責任を持」ちます。一方、各国立大学法人は、国以外の多様なステークホルダー（利害関係者）とのエンゲージメント（相互理解）、およびステークホルダーに対する情報発信を通じて経営体としての責任を果たし、改革課題を果たしながら事業を拡大していく、とされます。

検討会議の最終報告はさらに、海外からの「優秀な」留学生や国内の社会人学生を獲得するために、国立大学はオンライン授業やリモートワークの定着を前提に、入学定員管理や教員の雇用契約を行い、ジョイントディグリー（国際連携教育課程制度）などの拡大をはかるべきとしています。そして、これらを「大学ニューノーマル」と呼び、早期実現に向けて大学設置基準の学修単位数や収容定員等の考え方を「早急に検討すべきである」と述べています。このように、オンライン授業や学生に対する経済支援は、コロナパンデミック以前から行われてきた大学改革を進めるための政策との連続性を強くもつものとなっています。

検討会議では、「授業料の自由化の是非」「学生定員の自由化の是非」が検討課題の一つとされてきました。最終報告は、国立大学授業料の「自由化」はせず、「優秀な」留学生と社会人学生の定員のみ別枠として、授業料も標準額（二〇二〇年度、年間五三万五八〇〇円。各大学の判断により一二〇％まで上げることが可能）にかかわりなく設定できることとしました。全面的な「自由化」に至らなかったとはいえ、対象者により異なる授業料額の設定を認めたことは、国立大学の授業料に関する考え方を変更するものです。すなわち、国立大学授業料の額を、国民の高等教育の権利を保障する観点からではなく、①対象者の負担能力、および②大学の収入確保の手段の観点から設定することを意味します。

このような授業料に関する考え方の変更は、国立大学を自前で稼ぐ「経営体」とすることにより改革を推進していこうとする政策の一環です。政府が政策の推進を中心とする限られた事項しか財政支出の対象としないのであれば、「自由化」は教育費の私費負担の増大と同義になります。このとき、国立大学が手に入れる自由は、取れるところから取ることで大学組織を成り立たせる経営の自由に過ぎません。

こうした授業料の構造を改変しようとする動きは、コロナ危機における学生に対する経済支援策であるはずの「学生支援緊急給付金」にも影を落としているように思われます。「学生支援緊急給付金」は、対象者（留学生以外）の条件に、「就学支援新制度」「第一種奨学金」等の受給者・利用者（予定者）であることを含めていました。申請者が重なることは大いにありうるとはいえ、そのことを申請条件にする必要はないはずです。

危機便乗型「改革」の問題

空前のコロナ危機の中、政府は大学に対する要請や関連政策を次々と打ち出しました。その内容は、二〇二〇年四月の緊急事態宣言期間中までは、感染拡大防止対策を重視したものでした。ところが、五月末の緊急事態宣言解除後は、これまでの大学政策との連続性が強い内容にシフトしていきました。

二〇二一年、政府は、国立大学法人評価の効率化、財務会計制度の改革、経営体制・内部統制の強化などの法令改正を進めています。二〇二一年一月、その第一弾となる「大学ファンド」創設を可能とする国立研究開発法人科学技術振興機構法の一部を改正する法律案が可決しました。これは、国立研究開発法人科学技術振興機構（以下、機構）の組織業務に資金運用と大学に対する助成の二つの業務を追加するというものです。機構が行う資金運用は二〇二〇年度第三次補正予算額案五〇〇〇億円、二〇二一年度財政投融資当初計画額として四兆円を計上し、ここに国立大学からの寄託金を積み増ししていくとされています（文部科学省「令和三年度予算（案）のポイント」）。

さらに、二〇二〇年一二月二一日の閣議決定（「第二期「まち・ひと・しごと創生総合戦略」〈二〇二〇改訂版〉」）において、「地方国立大学の特例的な定員増の要件や対象大学の選定方法等についても早急に検討し、地方大学改革を着実に進める」とされました。文科省は選定の要件等を中教審に諮問し二〇二〇年度内を目途に結論を得る予定です。その際、閣議決定が「踏まえること」としている「地方創生に資する魅力ある地方大学の実現に向けた検討会議　取りまとめ」（二〇二〇年一二月二一日）は、「ラディカルな改革を促すためのインセンティブとして今回の特例的な定員増を捉えるべき」としています。文科省はこの会議の指示を受けながら、「定員増に関する審査会」を設けて審査を進め、最速で二〇二二年四月から収容定員増を行うことが予定されています。

「大学ニューノーマル」と呼ぶかはともかく、ＣＯＶＩＤ-19パンデミック以前の大学のあり方をさまざまな視点から見直すことは必要です。それは権力的な支配を受けるのではなく、大学のあるべき姿の自由かつ創造的な探究としておこなわれるべきものです。しかしながら、現実にはこのことを困難にする、あるいはできなくする「改革」が政策として推進されているのです。[19]

1　文部科学省高等教育局長「新型コロナウィルスに感染した場合等の大学入学者選抜における受験生への配慮について（補足）」二〇二〇年二月七日、「新型コロナウィルスに感染した場合等の受験生への配慮について（依頼）」二〇二〇年一月三〇日。

2　文部科学省高等教育局長「大学入学者選抜における新型コロナウイルス感染症への対応に関する情報提供等について」二〇二〇年二月二〇日。

3　「学校の卒業式・入学式等の開催に関する考え方について」二〇二〇年二月二五日、高等教育局高等教育企画課　事務連絡「イベント・催事の中止等の検討、入試における感染拡大対策、学生の行動抑制の啓発を要請」二〇二〇年三月二日。

4　文部科学省高等教育局学生・留学生課「学生等の私事渡航に関する新型コロナウイルスに関連した感染症の拡大防止について（周知）」二〇二〇年三月一七日。

5　文部科学省高等教育局長「令和二年度における大学等の授業の開始等について（通知）」二〇二〇年三月二四日。

6　文部科学省高等教育局大学振興課「学事日程等の取扱い及び遠隔授業の活用に係るQ&A等の送付について」二〇二〇年四月一日。

7　文部科学省高等教育局大学振興課「大学等における学事日程等の取扱い及び遠隔授業の活用に係るQ&A（四月二一日時点）」二〇二〇年四月二四日。

8　総務省中部管区行政評価局「緊急時における大学の遠隔授業の実施に関する調査　結果報告書」二〇二〇年一二月。

9　総務省中部管区行政評価局「緊急時における大学の遠隔授業の実施に関する調査結果に基づく通知」二〇二〇年一二月一一日。

10　代表的なものとして、日本教育学会「九月入学よりも、いま本当に必要な取り組みを―より質の高い教育をめざす改革へ―」二〇二〇年五月二二日。

11　自由民主党政務調査会「「学校休業に伴う学びの保障」と「秋季入学制度」について」二〇二〇

年六月二日。

12 「学校の授業における学習活動の重点化に係る留意事項等について（第二報）（通知）」二〇二〇年七月一七日。

13 「Spring Once Again ～日本全ての学校の入学時期を四月から九月へ！～」（http://chng.it/jSJhtsdg）二〇二〇年四月一九日。

14 「コロナウイルス休校延期による、九月入学反対の署名」（http://chng.it/XZc9R7BS）二〇二〇年四月二八日。

15 東京大学『将来の入学時期の在り方について―よりグローバルに、よりタフに―（中間まとめ）』二〇一一年一二月八日。

16 文部科学省高等教育局大学振興課「本年度後期や次年度の各授業科目の実施方法に係る留意点について」二〇二〇年七月二七日。

17 文部科学省高等教育局長「大学等における本年度後期等の授業の実施と新型コロナウイルス感染症の感染防止対策について（周知）」二〇二〇年九月一五日。

18 ＩＤＥ大学協会『ＩＤＥ現代の高等教育』（特集：大学ニューノーマル）二〇二〇年一月号。

19 国立大学の「戦略的経営」と称する一連の改革については、光本「国立大学法人の「戦略的経営」は何をもたらすか」『経済』二〇二一年六月号。

第五章　ポストコロナの大学像

大学正門に設置された検温所。サーモグラフィーにより体温を測定する（慶應義塾大学三田キャンパス、2021 年 4 月、著者撮影）。

学習権と教育

一九八五年に第四回ユネスコ成人教育会議が採択した「学習権宣言」（The Right to Education）には、次のような一節があります。

学習権は未来のためにとっておかれる文化的ぜいたく品ではない。それは、生存の欲求が満たされたあとに行使されるようなものではない。学習権は、人間の生存にとって不可欠な手段である。もし、世界の人々が、食糧の生産やその他の基本的人間の欲求が満たされることを望むならば、世界の人々は学習権をもたなければならない。[1]

COVID-19パンデミックがもたらした事態は、この言葉の意味を深く問うことを迫るものとなりました。二〇二〇年三月の一斉休校は、感染症対策の名により、多くの子どもたちから教育の機会を奪いました。緊急事態宣言解除後の子どもたちは、今度は感染リスクに晒されながら、学校に通っています。私たちは、いずれか一方しか選ぶことができないわけではないはずです。

学校保健安全法は、感染症の予防上必要があるときは、設置者（公立学校の場合、教育委員会）は学校の臨時休業を行うができると定めています。感染や学校の状況に対して何が適切かは地域毎に判断すべきという趣旨です。ところが、二月二七日に安倍首相が行った三月二日から春休みまでの期間の「臨時休業要請」〈新型コロナウイルス感染症対策本部〈第一五回〉二〇二〇年二月二七日）に対して、全国の教育委員会は判で押したように休校することを決定しました。緊急事態宣言以前に特定分野の活動が全国一斉に休止した例はほかにありません。教育行政の上意下達は際立っていました。

社会教育の分野では、社会教育関係団体が、緊急事態宣言の下、公共施設の休館により市民の文化・学習活動を中止に追い込んだり、感染リスクの高い市民や感染の可能性のある人の利用を制限することがどこまで認められるのかについて検討し、五月一四日の緊急事態宣言解除に合わせて活動再開のためのガイドラインを策定、発表しました。ここで、図書館協会のガイドラインが示した以下のような内容は注目されます。

○まずは人命の尊重を優先し、感染拡大を防ぐ対応を図った上で、こうした状況のもとでも実行できる方法を探り、図書館の役割を可能な限り果たしていくこと。

○感染拡大防止のために休館している海外の図書館では、様々な努力をしている事例が確認でき、「休館＝何もしない」では決してないこと。
○日本の図書館においても、関係者が互いの智慧を共有し、情報交換を密にすることにより、図書館の機能を十二分に発揮して、その存在意義を高める機会としていただきたいこと。[2]

図書館が、施設に立ち入ることができない場合でも利用者のために何ができるか、何をすべきか考え、行動したことは注目されます。その結果、休館中も電話によるレファレンスサービスに応じたり、郵送による図書の貸出しを行った図書館もあります。また、休校により行き場のなくなった大勢の子どもが訪れることを予想し、地域の学校との間で対応を検討した例もありました。

同じ機能を持つ社会教育施設が全国的に共同してガイドラインをつくったり、海外のとりくみに学んだりしたことは示唆的です。大学は、基本的に成人を対象とする教育機関です（日本では成人年齢を二〇歳としているため、大学生にも未成年者がいますが、他のほとんどの国では中等教育修了年齢を成人年齢としています）。成人教育機関である社会教育施設のとりくみから学べることは少なくないはずです。

学生の学習権

大学では休校はほとんどなく、オンライン授業をはじめとする感染症対策と教育を両立する努力が続けられました。このような教育が学生の学習権を充足するものであったかは、さまざまなかたちで問われることにもなりました。授業料の返還・減額、対面授業の再開を求める学生の運動はそうしたものの一つといえるでしょう。大学などが行ったアンケート調査にあらわれた声にも、学生が求める学習と教育の要求はさまざまなかたちで示されていました。

ところで、学生が表明した要求は必ずしも受け入れられてきたわけではありません。学生の要求のうち、あるものは少数意見だとされ、あるものは「身勝手」だとして、大学にはねつけられました。学生に対して厳しく接したのは大学だけではありませんでした。二〇二〇年三月、海外旅行から帰国した学生らに感染者が出たことをきっかけに、学生バッシングともいうべき状況が生まれました。その後も、学生が自粛していないこと、果ては経済的支援を訴える学生に対しても非難が行われました[3]。

学費減額運動にかかわった学生の一人は、現代の学生をとりまく状況は四〇年〜五〇年前とは大きく異なっており、無理解が多いと述べています。[4] ある大学教員は、コロナ危機に関して行われたアンケート調査の自由記述の中で、「学部生が、社会の中で想像以上に周縁的なポジションにあることを痛感させられた」と述べています。[5] 別の教員は、「大人であればもう少し自分で動けたかもしれません。子供であればもう少し守ってもらえたでしょう。不幸にも大人と子供の間という微妙な年齢である大学生が最も厳しい状況に置かれてしまった」と分析しています。[6]

歴史的に、学生の権利は、さまざまな側面から学生自身により追求されてきました。その結果、大学や社会制度の改革が行われ、現在でも続いている例は少なくありません。しかしながら、日本においては、学生が大学の意思決定に集団的に参加する制度的な道筋はほとんどつくられませんでした。また、授業料など教育費の負担が増大したことも、学生の権利を大きく制約してきたといえます。これら二つの問題をクローズアップしたのが二〇二〇年に大学で起きたさまざまなできごとだったといえるでしょう。

多くの学生が声を上げ、要求運動を行ったことは、学生が自身で権利の実現を追求する力を持つことを示すものでした。しかし、学生個人ができることは限られています。また、さまざまな条件の制約から自身では学習権を追求することが困難な者もいます。そうした者も含めて、学生の権利を実現するためには、大学や政府に要求し、それらと交渉することも学生の権利として位置づけられなければなりません。一九九八年にユネスコ高等教育世界会議が採択した高等教育世界宣言「二一世紀の高等教育　展望と行動」は、国と高等教育機関の意思決定権を持つ者に対して、「学生と彼らのニーズを関心の中心に置き、彼らを高等教育の核心における共同者、および責任ある当事者とみなさなければならない」としています。また、教育方法と教育課程の評価・革新、教育制度の策定や実施などに関して、「学生は組織をつくり代表者を立てる権利を有し、諸問題への関与が保証されなければならない」と述べています。[7]

学生の代表者が交渉することになれば、何を学生の要求として取り上げるべきかについて学生の間で議論がたたかわされ、単なるクレームは出なくなることが経験的に知られています。学生の代表者に対してていねいに説明したり、話し合いをした大学では、時間はかかりましたが、決定に対する学生の支持や大学に対する信頼は高まりました。こうしたプロセスは、学生の権利意識や民主的な討論の重要性に関する意識を高めることにも寄与するはずです。

大学の目的の意義

学生の声をよく聞き、ていねいな説明や代表者との協議を行っている大学がある一方、学生が話し合いを求めてもまったく応じない大学もあります。大学が学生に対して高圧的、閉鎖的になってしまう理由はさまざま考えられますが、その一つは、そのような大学では教職員もさまざまな場面の意思決定から排除されているのではないでしょうか。教職員が権利を持たない大学は、正常な判断をすることが困難になるはずです。その結果、自律性を失い、権力に従属してしまいかねません。

権力に従属した大学とは、かつての日本の大学の目的そのものでした（大学令一条）。

国家ニ須要ナル学術ノ理論及応用ヲ教授シ並其ノ蘊奥ヲ攻究スルヲ以テ目的トシ兼テ人格ノ陶冶及国家思想ノ涵養ニ留意スヘキモノトス

現在の大学の目的は次のように表現されています（八三条一項）。

大学は、学術の中心として、広く知識を授けるとともに、深く専門の学芸を教授研究し、知的、道徳的及び応用的能力を展開させることを目的とする。

制定されたのが一九四七年三月三一日であるため、表現に古めかしさがあることは否めません。それはともかくとして、学校教育法の大学の目的は、旧大学令の規定の学術から「国家ニ須要ナル」を取り除き、「人格ノ陶冶」を学術の理論・応用の教授・研究と並列にではなく、一体的に行うとしていることがわかります。平たくいえば、学問を国家から解放し、教育と一体化しようとしたのです。

このような大学の目的の転換は戦後教育改革の結果であり、大きな意義を持つものでした。大学の研究・教育が国家主義により支配されることは、完全になくなったとはいわないまでも、極めて稀になったはずです。それでは、大学が学生を自由な学問の主体として成長させる場になったかといえば、必ずしもそうではありません。大学が自由な学問の場となるためには、大学において、学生の自由が実現される必要がありました。学生を学習権の主体ととらえ、彼らの自由を実現していくことは、大学が高等教育機関として発展していくための条件ではないでしょうか[8]。

COVID-19パンデミック収束のために

二〇二一年に入っても、人類はCOVID-19パンデミックの収束を見通すことはできていません。多くの国では、人の移動の抑制を解除するとたちまち感染拡大を招き、ふたたび移動抑制に入るという繰り返しです。感染レベルを非常に低く抑えることに成功している国も、ほとんどの国境を閉ざしています。

日本の大学における感染者は七〇〇〇人を数えます（二〇二一年三月一五日現在）。大学における感染者の多くは学生であり、その数は対面授業が増加した二〇二〇年一〇月以降に急増しています。いうまでもなく、感染は大学だけで起こっているのではありません。COVID-19が収束しない限り、大学が日常を取り戻すこともできません。

知人からの情報により、筆者は、大学が地域においてCOVID-19の感染拡大させないとりくみを行うことで、大学の活動に関する地域の理解を得ている例があることを知りました。台湾南部にある長榮大學では、二〇二〇年一月末、香港・マカオからの学生が帰国した際、大学は学生をキャンパス内に一四日間強制的に隔離、感染していないことが確認された後、自宅である賃貸住宅に戻すことにしました。これは、海外からの学生が地域に戻ってくることに関して、大学周辺の住民から不安の声が寄せられたことに対して、大学が周辺の賃貸住宅の所有者らを集めて協議決定した内容でした。隔離用の部屋は職員寮の一角に突貫工事でつくられました。学生は空港から大学まで大学のバスで送迎されました。長榮大學は、授業開始前の二月二六日にも地域住民を集め、地域に感染が拡大しないようなとりくみを協議しています。このことは、大学が地域社会の一員であり、地域の公衆衛生に対して責任を持つとの考えにもとづくものです。[9]

日本でも、いくつかの大学が自治体と連携し、学生・教職員らに対してＰＣＲ検査を実施するようになりました。感染者を発見し隔離することは感染症対策の基本であり、推奨されるとりくみです。同時に、こうしたとりくみを起点として、地域の公衆衛生へと視野を広げつつあります。二〇二〇年一〇月から全学ＰＣＲ検査を実施してきた至学館大学は、包括連携協定を締結している地元の大府市職員（罹患者が発生した市内の高齢者・障がい者施設、及び幼児教育保育施設の職員などのうち、保健所の行政検査に該当しない者）に検査の対象を拡げることとしました。文部科学省も最近、感染対策の一環としてＰＣＲ検査の活用を検討するよう要請するようになっています。[10] 政府は大学に検討を要請するだけでなく、多くの地域・大学に同様のとりくみを広げるための支援策を検討すべきでしょう。

ユネスコ高等教育世界宣言は、高等教育機関には「革新的教育方法」が求められると述べています。それはＩＴＣを駆使した授業のことではありません。学生の批判的思考および創造力を養うことを目的とした教育方法や体制の改革を指して「革新的教育方法」と呼んでいるのです。その目的は、「学生を批判的に思考し、社会の問題を分析してその解決策を求め、それを実践して社会的責任を受け入れることができる見聞の広い、深く動機付けられた市民となるように教育」することです。大学が地域の公衆衛生の課題に目を向けることは、社会的責任を自覚した市民の育成につながるはずです。「社会の問題」とは公衆衛生、感染症対策に限りません。

国立大学法人化を学長として経験した田中弘允らは、国立大学が追求すべき方向は自律的改革と創造的連携であると述べています。[11] 大学の内部であっても、大学間あるいは大学と他の組織や社会とであっても、自律的改革と創造的連携を行うためには、当事者が対等であり、かつ相互に信頼できる関係であることが必要です。ＣＯＶＩＤ-19パンデミックの下の経験も、このことを裏づけるものでした。

大学は、単に対面授業などを再開するためでなく、社会が直面している難局を乗り越えるために、自律的改革と創造的連携を行っていく必要があります。このような中で存在意義を発揮するのが「学術の中心」としての大学のあるべき姿でしょう。

1　堀尾輝久・河内徳子編『平和・人権・環境 教育国際資料集』青木書店、一九九八年。
2　公益社団法人日本図書館協会「図書館における新型コロナウイルス感染拡大予防ガイドライン」二〇二〇年五月一四日。
3　日本だけでなく海外でも同様の問題は起きているようです。『カレッジマネジメント』二〇二一年三月号。
4　小島あずみ「新型コロナ禍における学生生活の実態」『日本の科学者』本の泉社、二〇二一年三月。
5　蒲生諒太「コロナ禍における大学教員―全国大学教員アンケート調査―」二〇二一年二月一六日。
6　「キャンパスは立入禁止、実家にも帰れず…大学生の一割が「コロナうつ」になっている」文春オンライン、二〇二〇年一〇月二八日。
7　UNESCO, World Declaration on Higher Education for the Twenty-first Century: Vision and Action, 1998. 日本私立大学協会による訳、「教育学術新聞」一九九八年一一月一一日号、および東京高等教育研究所・日本科学者会議編『大学改革の国際的動向 ユネスコ高等教育勧告宣言集』二〇〇二年七月を参照。

8 学校教育法はたびたび改正されてきましたが、大学の目的を規定した旧五二条の文言は、二〇〇六年の改正により教育基本法にあらたに「大学」の条項がつくられた後も一切変更されていません。ただし、条文整理により八三条一項となり、二項が追加されました。教育基本法改正後も従来の大学の目的規定が存続しているのは、これが日本国憲法との結びつきを強く保つ内容だからだといえそうです。日本教育法学会編『新教育基本法コンメンタール』（学陽書房、二〇二一年六月刊行予定）。

9 長榮大學のとりくみに関する情報は、同大学のホームページ（https://dweb.cjcu.edu.tw/containment/）にまとめられています。「實踐社會責任 長榮大學召開武漢肺炎社區聯席會」二〇二〇年二月四日、（「與社區共同防疫 長榮大學舉辦社區聯席會議」二〇二〇年二月二六日など）。

10 文部科学省高等教育局長「令和三年度の大学等における授業の実施と新型コロナウイルス感染症への対策等に係る留意事項について（周知）」二〇二一年三月四日。

11 田中弘允・佐藤博明・田原博人『二〇四〇年、大学よ甦れ』東信堂、二〇一八年。

おわりに

本書は、『危機に立つ国立大学』（クロスカルチャー出版、二〇一五年）の続編です。前著では、大学の組織再編が学術の展開方向を見定めた結果としてではなく、政府がときどきの政策を推進するための手段として行われていることを「国立大学の危機」ととらえ、その状況と構造を描きました。残念ながら、このような流れは収まらず、「危機」は現在も続いています。コロナ危機のただ中、政府は、総額一〇兆円の基金を創設し、出資した国立大学に運用益を還元していこうとする「大学ファンド」や、地方創生に貢献することを条件に、一部の国立大学に定員増を認めるなどの内容を閣議決定し、それらを実施するための法律制定等を進めています。各国立大学法人の中期目標に対する政府の縛りはますます強くなり、学長は「学長選考・監察会議」の監視の下、中期計画を遂行するために邁進するという体制がつくられつつあります。

ところで、今日「危機」に直面しているのは、国立大学だけではありません。私立大学や公立大学にも、経営が私物化されたり、設置者である学校法人や地方自治体の介入により、危機的状況にある大学が少なからず存在します。それら「大学の危機」を生み出す本質的な問題を明らかにするとともに危機打開の方向と展望を明確にすることが、続編がめざす内容でした。

このように考えてみたものの、なかなか構想の域を出ませんでした。そうしているうちに迎えたのが二〇二〇年のコロナ危機でした。

筆者には、COVID-19パンデミックは「大学の危機」の本質を明解に浮かび上がらせたように思われました。本論でも説いたように、教育の権利は感染症が蔓延する中にあってもできる限り保障していかなければならないことがらであり、その方法は、人びとの教育要求を最もよく知りうる者の判断を生かし実践していかなければなりません。ところが、そうした条件がよく備わっているはずの大学において、学生の権利がないがしろにされる事態が広がったのです。それらは必ずしも悪意によるものではありませんでした。しかし、善意の結果がそうなってしまうのであれば、決定的に重要なものが欠けているといわなければなりません。このことに気づかせてくれたのは、各地で上がったさまざまな学生の声でした。

政府は、緊急事態宣言解除以降、「感染症対策と経済対策の両立」を掲げました。この方針は二つの点で間違っていたといわざるをえません。

一つは、感染症対策と経済対策は常に両立できるものではないからです。感染者の分布が特定の地域にしか存在しないのであれば、他の地域の経済活動を止める必要はありません。しかしながら、感染源が全国に拡散している中では感染症対策と経済対策の両立ができないことは、各国の例が示している通りです。

二つには、感染症対策自体が間違っているためです。多くの専門家が異口同音に言うように、感染拡大防止の基本は、感染者を発見し隔離することです。その方法は、いくつかあるはずですが、適切な対象者を検査しなければならないことは当然です。日本政府のとりくみは、この点で不十分であり、そのことがわかった現在も方針をあらためていません。

これらの問題は、大学の感染症対策にも深刻な影を落としています。大学ではさまざまなことがらに関して現場の判断が求められます。ところが、大学だけでは対応することのできない地域の公衆衛生が欠けていることや、対面授業再開の目安となる基準が定まっていないことが現場に混乱を招いています。こうした問題にとりくむことも、大学の危機を打開するための課題だというべきでしょう。

本書の内容は、日本教育法学会のコロナ問題合同委員会、および大学評価学会（第一八回大会、愛知工業大学〈オンライン開催〉におけるシンポジウム報告がベースになっています。それぞれにおいて問題の考察を深める重要な手がかりになる質問や意見をいただいたことに感謝いたします。

最後に、続編がなかなか出てこないばかりか、想像もつかない方向へ向かうものとなったことを辛抱してくださった川角功成社長に、厚くお礼申し上げます。

資料1　コロナ危機に関するアンケート調査一覧

全国・大学横断

・藤本淳也（研究代表者）「大学生への新型コロナウイルス感染症拡大の影響 報告書 完成版」（2020年4月1日～4月7日調査）2020年4月13日

・朝日新聞・河合塾「ひらく日本の大学」緊急調査（2020年6月～7月）

・全国生活協同組合「緊急！大学生・院生向けアンケート」（2020年7月20日～7月30日調査）2020年8月7日

・国立情報学研究所「遠隔授業に関するアンケート調査の概要」（2020年8月14日～9月7日までの回答分を集計）

・公益社団法人東京都専修学校各種学校協会「「学生生活の現状に関するアンケート」結果」（5月26日～6月10日）2020年6月15日

・文部科学省「大学等における後期等の授業の実施方針等に関する調査結果（地域別）」（2020年8月25日～9月11日）2020年10月2日公表

・文部科学省「新型コロナウイルス感染症の影響を受けた学生への支援状況等に関する調査」（2020年9月2日～）10月14日時点公表

・一般社団法人日本看護系大学協議会高等教育行政対策委員会「２０２０年度看護系大学４年生の臨地実習科目（必修）の実施状況調査結果報告書」（２０２０年８月４日～８月18日調査）２０２０年９月25日

・東洋大学現代社会総合研究所ＩＣＴ教育研究プロジェクト「コロナ禍対応のオンライン講義に関する学生意識調査」（２０２０年７月調査）２０２０年10月14日

・文部科学省「大学等における後期などの授業の実施状況に関する調査」（２０２０年10月16日～12月18日）２０２０年12月23日公表

・蒲生諒太「コロナ禍における大学教員―全国大学教員アンケート調査―」（２０２０年12月24日～12月31日調査）２０２１年２月16日

・全国大学高専教職員組合「全大教・新型コロナウイルス感染症への対応下での労働実態・教育研究状況アンケート」（２０２０年６月17日～９月９日調査）２０２０年10月

・日本私立大学教職員組合連合「コロナ禍による学生支援、私大支援に関するアンケート調査」（２０２０年８月11日～９月９日調査）２０２０年９月18日

・図書館休館対策プロジェクト「図書館休館による研究への影響についての緊急アンケート」（２０２０年４月17日～４月30日）２０２０年５月８日

資料1　コロナ危機に関するアンケート調査一覧

個別大学等

・京都ノートルダム女子大学「オンライン授業に関する学生アンケート」（2020年4月15日～5月3日調査）
・植原啓介「慶應SFCにおける遠隔授業とアンケート調査結果」（2020年5月7日～5月13日調査）2020年6月5日
・立命館大学新聞社「コロナ禍における学生生活実態調査」（2020年6月15日～6月30日調査）2020年7月1日
・静岡文化芸術大学「2020年度緊急学生生活調査（コロナ禍・ハラスメントに関する状況と意識について）集計結果速報」（2020年7月8日～7月15日調査）2020年8月
・京都ノートルダム女子大学「第2回　オンライン授業に関する学生アンケート」（2020年7月17日～7月31日調査）
・茨城大学「遠隔授業に関する教員向けアンケートを実施」（2020年7月1日～7月10日調査）2020年8月7日
・京都芸術大学FD委員会・教務委員会「前期オンライン授業アンケート概況」（2020年7月15日～7月22日調査）2020年8月7日
・九州大学「九州大学の学生生活に関する学生アンケート（春学期）」2020年8月11日

・九州大学「九州大学のオンライン授業に関する学生アンケート（春学期）」２０２０年8月11日
・秋田大学「全国緊急事態宣言による自粛が及ぼす大学生のこころとからだへの影響」（２０２０年5月20日〜6月16日調査）２０２０年8月24日
・九州産業大学造形短期大学「前学期終了時学生アンケート結果」（２０２０年8月4日〜8月15日調査）２０２０年8月25日
・立命館大学学生支援委員会「コロナ禍における学生生活実態調査」（２０２０年8月24日〜9月18日調査）２０２０年
・神戸大学 大学教育推進機構 全学教務委員会 遠隔授業実施状況調査ワーキンググループ「神戸大学の遠隔授業に関する学生アンケート調査結果」（２０２０年9月8日〜9月30日）２０２０年11月27日
・神戸女学院大学「授業運営に関するアンケート」２０２０年12月22日
・神戸女学院大学「授業運営に関するアンケート（学生）」２０２０年12月22日

資料2　年表（2020年1月～2021年3月）

	大学関連の動き（文科省の通知等含む）	政府の対策・関連政策	社会・海外の動向
2020年1月		1／6中国・武漢で原因不明の肺炎。厚労省が注意喚起 1／24外務省、中国湖北省への渡航中止を勧告	1／14 WHO、新型コロナウイルスを確認 1／15日本国内で初めて感染者を確認 1／30 WHO、「国際的な緊急事態」を宣言
2月		2／1新型コロナを指定感染症とする政令施行 2／16政府専門家会議、初会合 2／25政府、新型コロナ対策の基本方針を決定 2／26首相、大規模イベントの自粛を要請。首相、韓国大邱市などからの入国拒否を表明 2／27首相、全国の学校（大学除く）に休校を要請	2／3乗客の感染が確認されたクルーズ船、横浜港に入港 2／13国内で初めて感染者死亡 2／28北海道知事 独自に「緊急事態宣言」
3月	3／2文科省、大学等におけるイベント・催事の中止等の検討、入学者選抜における感染拡大対策、学生の行動抑制の啓発を要請	3／18新型コロナ対応の改正特別措置法が成立 3／24新型コロナウイルス感染症に対応した学校再開ガイドライン	3／5中国 習近平国家主席の訪日延期に 3／10イタリア、全土で移動制限始まる

大学関連の動き（文科省の通知等含む）

3／17文科省、学生の海外渡航の抑制を啓発するよう要請

3／24文科省、学事日程の弾力的な取り扱い、対面授業の一部を遠隔授業にする場合の取り扱い、授業料等の減免、納付時期の猶与等の取り扱い等の対応を要請

3／31私立大学団体連合会、文科省に対して、学生への経済的支援、遠隔授業の実施体制整備への支援、感染防止に関する研究・医療体制への支援、学生定員管理の柔軟化を要望

3／31私立大学団体連合会、経済団体に対して、採用選考開始日（**6／1**）の徹底、日程の後ろ倒し・複数機会の確保、オンラインによる面接の実施などを要望

4月

4／21文科省、特例措置による遠隔授業の取り扱いを指示（「Q&A」）

4／24国大協、文科省などに対して、学事暦の柔軟な取り扱い、学生への経済的支援、奨学金にかかる手続き期限の延長、実験・実習の代替措置の弾力化、遠隔教育実施や留学生選抜のためのシステム構築経費の拡充、国家試験等資格取得の学修

政府の対策・関連政策

3／25首相、欧州21カ国などからの入国拒否を表明。政府、新型コロナ対応の特措法に基づく対策本部を設置

4／1首相、49カ国・地域からの入国拒否を表明。首相、全世帯への布マスク配布を公表

4／7首相、７都府県に緊急事態宣言。政府、事業規模１０８兆円の緊急経済対策を閣議決定

4／16「緊急事態宣言」の対象が全国に拡大。北海道は「特定警戒

社会・海外の動向

3／24東京五輪・パラリンピック１年程度延期に

要件の緩和などを要望

4／27私大連、文科省に対して、学費返還の動きを抑えること、国家試験の受験資格取得のために必要な実習等の規制緩和などを要望

4／29首相、学校入学9月案に「これぐらいの大きな変化がある中においては、前広にさまざまな選択肢を検討していきたい」（衆院予算委）

4／30　２０２０年度補正予算成立。政府、新学年「9月入学」について、関係各府省の事務次官らによる検討着手

5月

5／12「著作物の教育利用に関する関係者フォーラム」大学関係者有志、改正著作権法35条の施行に関する「高等教育関係者向け説明資料」

5／14政府、9月入学・始業の導入検討の次官級省庁横断チーム設置へ

5／18国大協・公大協・私立大学連合会、文科省に対して、「新型コロナウイルス感染症に対応した学生への経済的支援に関する緊急要望」

5／29採用と大学教育の未来に関する産学協議会、「9月入学移行に関する考え方」

5／29採用と大学教育の未来に関する産学協議会、「現在、就職活動をしている学生の皆さんへ」

都道府県」。首相、現金給付策を一律10万円に変えると表明

5／4政府、「緊急事態宣言」を5月31日まで延長

5／14政府、緊急事態宣言を39県で解除。8都道府県は継続

5／21政府、緊急事態宣言を関西で解除、首都圏・北海道は継続

5／25政府、緊急事態宣言を解除

5／27政府、第2次補正予算案

大学関連の動き（文科省の通知等含む）	政府の対策・関連政策	社会・海外の動向
6月 **6/2**安倍首相、自民党「秋季入学制度検討WT」提言書を受け取り「導入は確かに難しい」と事実上の断念 **6/19**文科省「令和3年度大学入学者選抜実施要項」。2021年度「大学入学共通テスト」を3つの日程で実施することなど	**6/19**政府、都道府県境をまたぐ移動自粛を全面解除。感染者接触確認アプリの提供を開始	**6/28**世界の感染者1000万人を越える **6/29**世界の死者50万人を越える
7月 **7/13**国大協、外国人留学生・外国人研究者に関する入国制限等の緩和を要望 **7/13**私大連、大学のオンライン化を推進するための規制緩和、留学生等の出入国の規制緩和を要望 **7/28**私学助成、コロナで前倒し交付へ。萩生田文科相「対面授業実施を」	**7/10**政府、イベントの開催制限を緩和。北海道のイベント開催等における段階的緩和の目安「ステップ3」 **7/22**国交省、ＧｏＴｏトラベルキャンペーンを開始	**7/13** ＷＨＯ、「多くの国が誤った方向に」。事態悪化を警告 **7/27** ＷＨＯ「パンデミックは加速し続けている」
8月 **8/18**天理大、ラグビー寮でクラスター発生と発表 **8/25**文科省、「大学等における後期等の授業の実施方針等に関する調査」を実施	**8/20**対策分科会尾身会長「流行はピークに達したとみられる」 **8/28**安倍晋三首相、辞任を表明。政府、新型コロナ対策の新たな方針発表	**8/11**世界の感染者2000万人を越える **8/17**ニュージーランド、感染再拡大の懸念から議会選延期
9月	**9/16**自民党・菅義偉総裁、首相	**9/1**スペインで感染が

9／15文科省、「大学等における後期等の授業の実施方針等に関する調査結果」

10月

10／2文科省、「大学等における後期等の授業の実施方針等に関する調査結果（地域別）」

10／16文科省、「新型コロナウイルス感染症の影響を受けた学生への支援状況等に関する調査」の結果を公表

11月

12月

12／23文科省、9月時点で対面授業の実施割合が「半分未満」と回答した大学等を対象として、授

に就任

11／7北海道、「警戒ステージ」を3に。11月7日から11月27日までを集中対策期間

11／17北海道、「警戒ステージ」を札幌市を対象に4相当に引き上げ

11／18東京都、感染状況を最高レベルに引き上げへ

11／24大阪府、27日から飲食店の営業時間短縮要請

12／3大阪府が「医療非常事態宣言」重症患者の急増で不要不急の外出自粛も要請

急激に再拡大。一部で移動規制

10／14フランス、非常事態宣言

12／2イギリス政府がファイザー開発の新型コロナワクチン承認と発表

大学関連の動き（文科省の通知等含む）	政府の対策・関連政策	社会・海外の動向
業の実施状況、学生の理解・納得を得るための取り組み、工夫等を調査し、結果を公表	**12／5**病床ひっ迫 5都道府県が「ステージ4」に **12／8**防衛省が医療体制ひっ迫の旭川市に看護師など10人派遣決める **12／12**病床ひっ迫 5都道府県が「ステージ4」に **12／15**政府、GoTトラベル全国一時停止へ。地域限定の対応から方針転換 **12／17**東京都の医療提供体制、最も高い警戒レベルに **12／27**病床逼迫7都道府県で「ステージ4」の指標超える **12／30**東京都モニタリング会議、「東京の医療 危機的状況に直面」「より強い対策 直ちに実行を」 **12／31**東京都で1337人、全国で4520人の感染確認。ともに過去最多	**12／13**ドイツ、感染再拡大。小売店の営業停止や学校閉鎖へ **12／20**変異ウイルス拡大。欧州諸国、イギリスからの旅客機受け入れ停止
2021年1月 **1／16～17**大学入学共通テスト（第1日程） **1／30～31**大学入学共通テスト（第2日程）	**1／7**1都3県で緊急事態宣言発令。東京都「緊急事態措置」 **1／13**新たに7府県が緊急事態宣	**1／6**日本医師会中川会長、「現実はすでに『医療崩壊』」

言の対象に追加

1／11　WHO、集団免疫「今年中に獲得難しい」
1／15コロナ感染者の〝入院拒否〟に刑事罰検討、学会が反対声明
1／19日本国内で変異ウイルス感染者確認
1／27世界の感染者1億人越える
1／30日本国内初の変異ウイルスクラスターの疑い

2月

2／1菅首相、栃木県を除く10都府県の緊急事態宣言を延長（3／7まで）
2／3新型コロナ特措法など改正案成立
2／12政府、「基本的対処方針」変更
2／14厚労省、新型コロナワクチン 国内初の正式承認 米ファイザー製 厚労省

大学関連の動き（文科省の通知等含む）	政府の対策・関連政策	社会・海外の動向
3月	**2／26**菅首相、首都圏を除く6府県で緊急事態宣言の解除を表明（**2／28**まで） **3／5**菅首相、首都圏1都3県の緊急事態宣言の2週間延長を決定（**3／21**まで）	**3／5**イタリア、新型コロナワクチンの輸出を差し止め ＥＵ初。国内分の不足が理由

大学団体ウェブサイト（国立大学協会、公立大学協会、日本私立大学連盟、日本私立大学協会）、「教育月報」（教育科学研究会『教育』）、特設サイト「新型コロナウイルス」（ＮＨＫ）、「時事ドットコムニュース」（時事通信）、「聞蔵Ⅱビジュアル for Libraries」（朝日新聞）、「毎索（マイサク）（毎日新聞）」、「ヨミダス歴史館」（読売新聞）より光本が作成。

資料３　文部科学省通知・事務連絡等一覧

２０２０年３月～２０２１年３月の期間、文部科学省が大学等に対して送付した通知・事務連絡等のうち主要なものを光本が整理。

１．研究・教育と感染症対策の両立

２０２０年３月２日　高等教育局高等教育企画課 事務連絡「新型コロナウイルス感染症対策のための小学校、中学校、高等学校及び特別支援学校等における一斉臨時休業の要請に係る留意事項について（周知）」

- 大学等におけるイベント・催事の中止等の検討を要請。
- 入学者選抜における感染拡大対策を要請。
- 学生の行動抑制を啓発するよう要請。

３月24日　高等教育局長「令和２年度における大学等の授業の開始等について（通知）」

別添：事務次官「令和2年度における小学校，中学校，高等学校及び特別支援学校等における教育活動の再開等について（通知）」2020年3月24日
別添1：「新型コロナウイルス感染症に対応した学校再開ガイドライン」2020年3月24日
別添2：「新型コロナウイルス感染症に対応した臨時休業の実施に関するガイドライン」2020年3月24日

- 感染拡大の防止のための措置（入学式等の行事の実施方法等、授業開始時期の延期等、学生・教職員が感染した場合の臨時休業の必要の判断）。
- 学事日程について、「大学設置基準21条等で定める学修時間を確保するための方策を大学等が講じていることを前提に、10週又は15週の期間について弾力的に取り扱って差し支えない」。
- 課程認定に係るものの変更については関係省庁・部署等に相談すること。
- 遠隔授業：面接授業の一部を遠隔授業によって実施する場合であって、授業全体の実施方法として、主として面接授業を実施するものであり、面接授業により得られる教育効果を有すると各大学等の判断において認められるものについては大学設置基準（32条5項等）により卒業要件に含めることのできる上限（60単位）に含める必要はない。

●授業料等の減免、納付時期の猶予等の取り扱い等の対応を要請。
●学生の課外活動等の抑制を啓発するよう要請。

4月1日　高等教育局長「大学等における臨時休業の実施に係る考え方等について（周知）」
●3月24日付通知で示した臨時休業等の考え方、検討の基準を具体化。

4月7日　高等教育局長「大学等における新型コロナウイルス感染症の拡大防止措置の実施に際して留意いただきたい事項等について（周知）」
●4月1日周知に、新型インフルエンザ等対策特別措置法に基づく「緊急事態宣言」が出された場合における臨時休業の考え方を追加。

4月17日　高等教育局長「大学等における新型コロナウイルス感染症の拡大防止措置の実施に際して留意いただきたい事項等について（周知）」

●４月７日周知に、学校施設の使用制限等の要請を受けていないものの、自主的に臨時休業等を行う場合の対応について等を追加。

6月5日　高等教育局長「大学等における新型コロナウイルス感染症への対応ガイドラインについて（周知）」

●ＣＯＶＩＤ-19感染症対策に関する留意事項等についてあらためて整理。

9月15日　高等教育局長「大学等における本年度後期等の授業の実施と新型コロナウイルス感染症の感染防止対策について（周知）」

●６月５日高等教育局長通知、７月27日事務連絡の内容を確認。

●８月25日調査の結果や複数の大学等からの聴取事項にもとづき、２０２０年度後期等の教育活動の遂行に当たっての配慮事項、考えられる工夫等。

12月23日　高等教育局長「大学等における新型コロナウイルス感染症対策の徹底と学生の学修機

会の確保について（周知）」
●対面授業の実施が適切と判断されるものについては実施を検討するなど、学生の理解や納得を得た形での学修機会の確保に努めること、1年生に対する特段の配慮を要請。

2021年1月5日　高等教育局長「大学等における新型コロナウイルス感染症対策の徹底と学生の学修機会の確保について（周知）」
●特例的な措置として認められる遠隔授業等は、十分な感染症対策を講じたとしても面接授業を実施することが困難である場合に限り実施可能であること。
●遠隔授業は、面接授業に相当する教育効果を持つと認められるものであること。

1月8日　高等教育局長「新型インフルエンザ等対策特別措置法に基づく緊急事態宣言を踏まえた大学等における新型コロナウイルス感染症への対応に関する留意事項について（周知）」
●緊急事態宣言の対象区域に所在する大学等は、面接授業の実施が適切と判断されるものについては実施を検討する一方、面接授業と遠隔授業を効果的に活用する等、学生の学修機会の確保と感染防止の徹底の両立を図ること。

1月8日　高等教育局高等教育企画課「新型コロナウイルス感染症のまん延防止のための取組について（周知）」

●新型インフルエンザ等対策特別措置法第32条第1項の規定に基づく緊急事態宣言が発出されたことに伴い、20時以降の勤務の抑制をうながす。

3月4日　高等教育局長「令和3年度の大学等における授業の実施と新型コロナウイルス感染症への対策等に係る留意事項について（周知）」

●対面授業の実施、学内施設の利用、学納金の必要性・合理性等に関して、学生の納得を得られるようにとりくむこと、2020年度1年生・2021年度1年生に対する特段の配慮、感染対策の一環としてPCR検査の活用を検討するよう要請。

2. 学生に対する経済的支援

２０２０年3月26日　高等教育局学生・留学生課、総合教育政策局 生涯学習推進課「新型コロナウイルス感染症に係る影響を受けて家計が急変した学生等への支援等について（周知）」

● 高等教育修学支援新制度・貸与型奨学金における「家計が急変した学生等への支援」制度に関する周知。

4月22日　高等教育局学生・留学生課、文部科学省総合教育政策局生涯学習推進課「特別定額給付金（仮称）事業等に関する学生等への周知について（依頼）」

● 特別定額給付金の支給方法等について周知。

4月27日　高等教育局学生・留学生課、総合教育政策局生涯学習推進課「新型コロナウイルス感染症の拡大を踏まえた高等教育の修学支援新制度の運用等について（周知）」

● 高等教育の修学支援新制度における家計が急変した学生等への支援について、6月末までを「重点支援期間」として早期申請を促進する。申請日=認定日とみなし、支援を早期に開始する。

5月29日　高等教育局学生・留学生課、総合教育政策局生涯学習推進課「新型コロナウイルス感染症に係る影響を受けた学生等への経済的支援等に関する「学生の〝学びの支援〟緊急パッケージ」の公表及び相談対応等における留意点について（依頼）」
別紙1：「学生の〝学びの支援〟緊急パッケージ」
別紙2：「困難な状況におかれている学生等が利用可能な主な制度等（5月29日時点）」
別紙3：「経済的理由による退学相談の際の対応における修学継続チェックリスト（例）」

● 「学生の〝学びの支援〟緊急パッケージ」等の周知。

6月24日　高等教育局　学生・留学生課、総合教育政策局生涯学習推進課　事務連絡「新型コロナウイルス感染症の拡大を踏まえた高等教育の修学支援新制度の運用等について（周知）」

●高等教育の修学支援新制度における「重点支援期間」の取り扱いを当面継続。学生支援緊急給付金の申請者等の給付型奨学金の申し込みスケジュールの追加。

6月26日　高等教育局学生・留学生課、総合教育政策局生涯学習推進課　事務連絡「新型コロナウイルス感染症に係る影響を受けた学生等への経済的支援等における留意点について（依頼）」

●学生に対するきめ細かな案内、対応、大学等が行う支援策が学生に行き渡る時期を見越して柔軟に対応することを依頼。

7月3日　高等教育局　学生・留学生課　事務連絡「学生支援緊急給付金給付事業（「学びの継続」のための『学生支援緊急給付金』）2次推薦に係る配分額等について（依頼）」

●別紙「『学生支援緊急給付金』受給対象者の推薦について」。1次配分額の残額と2次配分額の合計額が2次推薦の上限額であることを念押し。

7月31日　高等教育局学生・留学生課、総合教育政策局　生涯学習推進課　事務連絡「新型コロナ

ウイルス感染症対応休業支援金・給付金に関する学生等への周知について（依頼）」

●新型コロナウイルス感染症対応休業支援金・給付金（7月10日受付開始）に関する周知の依頼。

8月27日　高等教育局学生・留学生課　事務連絡「学生支援緊急給付金給付事業「学びの継続」のための『学生支援緊急給付金』）に係る追加配分額等について（依頼）」	●学生支援緊急給付金の各大学からの追加推薦に関する配分額を案内。
12月18日　高等教育局　総合教育政策局　事務連絡「新型コロナウイルス感染症に係る影響を受けた学生等に対する追加を含む経済的な支援及び学びの継続への取組に関する留意点について（依頼）」 別紙1：新型コロナウイルスの影響を受けた学生への支援状況等に関する調査 別紙2：学生の〝学びの支援〟緊急パッケージ（令和2年12月〜）の詳細（12月18日時点）	

●各大学等の学生等に対する経済的な支援や学生等の修学の状況等に関する調査（11月2日依頼）の結果および各大学等の取組事例。
●学生支援緊急給付金の追加支給、雇用調整助成金・緊急雇用安定助成金（新型コロナに伴う特例措置）の延長、生活福祉資金貸付金（緊急小口資金の特例貸付）の延長。

2021年3月5日　高等教育局、総合教育政策局 事務連絡「経済的に困難な学生等に対するきめ細かな支援について（依頼）」
●フードバンク、農林水産省「国産農林水産物販路多様化緊急対策事業」、2021年度文部科学省関係予算、日本学生支援機構による大学等への助成の活用を依頼。

3．授業の実施

2020年4月1日　文部科学省高等教育局大学振興課「学事日程等の取扱い及び遠隔授業の活用に係るQ&A等の送付について」

●3月24日付通知の内容に関するQ&A

4月6日　高等教育局長「大学等における遠隔授業の実施に当たっての学生の通信環境への配慮等について（通知）」

●遠隔授業の実施に当たって、学生の通信環境等へ配慮すること等を求める。

4月21日　高等教育局大学振興課 事務連絡「大学等における学事日程等の取扱い及び遠隔授業の活用に係るQ＆Aの送付について（4月21日時点）」

●3月24日付高等教育局長通知の見解を変更。「上記特例的な措置において面接授業以外の授業として認められる遠隔授業は、同条第2項の規定による遠隔授業ではなく、同令第32条第5項の規定は適用されないことから、同規定の60単位の上限に算入する必要はありません」。

●上記特例的な措置の授業の成績評価を行う場合であっても「当該授業の実施状況及び成果を確認した結果、当該授業科目の到達目標を十分に達成できていることに加え、面接授業に相当する教育効果が認められる必要」。

５月１日　高等教育局大学振興課 事務連絡「大学等における遠隔授業等の実施に係る留意点及び実習等の授業の弾力的な取扱い等について（令和２年５月１日）」

● 特措法（新型インフルエンザ等対策特別措置法。以下同じ。）に基づき、４月16日に全都道府県が緊急事態措置の対象とされたことにより面接授業が実施できない状況の長期化を想定。大学等における遠隔授業等の実施に係る留意点、実習等の弾力的な取扱いについての考え方を整理。

５月22日　高等教育局大学振興課 事務連絡「大学等における学事日程等の取扱い及び遠隔授業の活用に係るQ＆Aの送付について（５月22日時点）」

● ４月21日付「Q＆A」に項目・記述を追加。

７月27日　高等教育局大学振興課 事務連絡「本年度後期や次年度の各授業科目の実施方法に係

る留意点について」

●大学設置基準第25条第1項が「主に教室等において対面で授業を行うことを想定している」ことを根拠に、後期の授業に関して面接授業との併用の検討、学生に対する丁寧な説明、学生の希望等を踏まえること等を求める。

4．行事・課外活動・福利厚生

2020年3月17日　高等教育局学生・留学生課、文部科学省総合教育政策局生涯学習推進課事務連絡「学生等の私事渡航に関する新型コロナウイルスに関連した感染症の拡大防止について（周知）」

●学生の海外渡航の抑制を啓発するよう要請。

3月31日　高等教育局 学生・留学生課、総合教育政策局 生涯学習推進課 事務連絡「新型コロナ

	ウイルス感染症拡大防止のための学生等への周知徹底について（依頼）」 ●新型コロナウイルス感染症対策の基本的対処方針（3月28日新型コロナウイルス感染症対策本部決定に基づき、海外からの帰国者に対する2週間の外出自粛の要請などを依頼。
7月28日	高等教育局長「飲食店等におけるクラスター発生の防止に向けた取組の徹底について（依頼）」 ●学生・教職員への飲食店等におけるクラスター発生防止のための注意喚起を依頼。
9月3日	初等教育局長、高等教育局長、スポーツ庁次長「運動部活動に参加する学生等の集団における新型コロナウイルス感染症対策の徹底について（通知」 ●運動部活動に参加する学生等の集団における感染症対策の徹底を依頼。 ●一般社団法人大学スポーツ協会「新型コロナウイルス感染症対策としての「UNIVAS大学スポーツ活動再開ガイドライン」」の周知。

光本　滋（みつもと　しげる）

1970年生まれ。北海道大学准教授。
一橋大学社会学部卒、中央大学大学院文学研究科修士課程修了、同博士課程退学。

論文・編著書
論文
「最近30年の高等教育政策の批判的検討」『教師教育学会年報』（第27号）2018年
「学校教育法等改正と大学の自治」『戦後70年と教育法』（日本教育法学会年報）第45号、2016年

編著書
共著『新教育基本法コンメンタール』学陽書房、2021年
共著『教育原理』学文社、2018年
単著『危機に立つ国立大学』クロスカルチャー出版、2015年
共編著『新自由主義大学改革』東信堂、2014年

二〇二〇年の大学危機—コロナ危機が問うもの— CPCリブレ No. 17

2021年5月31日　第1刷発行

著　者　光本　滋
発行者　川角功成
発行所　有限会社　クロスカルチャー出版
〒101-0064　東京都千代田区神田猿楽町2-7-6
電話 03-5577-6707　　FAX 03-5577-6708
http://crosscul.com
印刷・製本　(株)シナノパブリッシングプレス

ISBN 978-4-908823-85-5 C0037 Printed in Japan